副刊文丛
主编 李辉 王刘纯

从第一槌开始
——我与中国艺术品拍卖二十年

剑武 著

中原出版传媒集团
大地传媒
大象出版社
·郑州·

图书在版编目(CIP)数据

从第一槌开始:我与中国艺术品拍卖二十年/剑武著.—郑州:大象出版社,2017.1
(副刊文丛/李辉,王刘纯主编)
ISBN 978-7-5347-9070-6

Ⅰ.①从… Ⅱ.①剑… Ⅲ.①艺术品—拍卖—概况—中国 Ⅳ.①F724.787

中国版本图书馆CIP数据核字(2016)第272389号

从第一槌开始
—— 我与中国艺术品拍卖二十年

剑 武 著

出 版 人	王刘纯
项目统筹	李光洁 成 艳
责任编辑	负晓娜
责任校对	李婧慧
书籍设计	段 旭

出版发行 **大系出版社**(郑州市开元路16号 邮政编码450044)
　　　　　发行科 0371-63863551 总编室 0371-65597936
网　　址 www.daxiang.cn
印　　刷 北京汇林印务有限公司
经　　销 各地新华书店经销
开　　本 787mm×1092mm 1/32
印　　张 9.5
版　　次 2017年1月第1版 2017年1月第1次印刷
定　　价 46.00元
若发现印、装质量问题,影响阅读,请与承印厂联系调换。
印厂地址 北京市大兴区黄村镇南六环磁各庄立交桥南200米(中轴路东侧)
邮政编码 102600　　　　　　　电话 010-61264834

"副刊文丛"总序

李 辉

设想编一套"副刊文丛"的念头由来已久。

中文报纸副刊历史可谓悠久,迄今已有百年行程。副刊为中文报纸的一大特色。自近代中国报纸诞生之后,几乎所有报纸都有不同类型、不同风格的副刊。在出版业尚不发达之际,精彩纷呈的副刊版面,几乎成为作者与读者之间最为便利的交流平台。百年间,副刊上发表过多少重要作品,培养过多少作家,若要认真统计,颇为不易。

"五四新文学"兴起,报纸副刊一时间成为重要作家与重要作品率先亮相的舞台,从鲁迅的小说《阿Q正传》、郭沫若的诗歌《女神》,到巴金的小说《家》等均是在北京、上海的报纸副刊上发表,从而产生广泛影响的。随着各类出版社雨后春笋般出现,杂志、书籍与报纸副刊渐次形成三足鼎立的局面,但是,不同区域或大小城市,都有不同类型的报纸副刊,因而形成不同层面的读者群,在与读者建立直接和广泛的联系方面,多年来报纸副刊一直占据优势。近些年,随着电视、网络等新兴媒体的崛起,报纸副刊的优势以及影响力开始减弱,长期以来副刊作为阵地培养作家的方式,也随之隐退,风光不再。

尽管如此,就报纸而言,副刊依旧具有稳定性,所刊文章更注重深度而非时效性。在电台、电视、网络、微信等新闻爆炸性滚动播出的当下,报纸的所谓新闻效应早已滞后,无法与昔日同日而语。在我看来,唯有副刊之类的版面,侧重于独家深度文章,侧重于作者不同角度的发现,才能与其他媒体相抗衡。或者说,只有副刊版面发表的不太注重新闻时效的文章,才足以让读者静下心,选择合适时间品茗细读,与之达到心领神会的交融。这或许才是一份报纸在新闻之外能够带给读者的最佳阅读体验。

1982年自复旦大学毕业,我进入报社,先是编辑《北京晚报》副刊《五色土》,后是编辑《人民日报》副刊《大地》,长达三十四年的光阴,几乎都是在编辑副刊。除了编辑副刊,我还在《中国青年报》《新民晚报》《南方周末》等的副刊上,开设了多年个人专栏。副刊与我,可谓不离不弃。编辑副刊三十余年,有幸与不少前辈文人交往,而他们中间的不少人,都曾编辑过副刊,如夏衍、沈从文、萧乾、刘北汜、吴祖光、郁风、柯灵、黄裳、袁鹰、姜德明等。在不同时期的这些前辈编辑那里，我感受着百年之间中国报纸副刊的斑斓景象与编辑情怀。

行将退休，编辑一套"副刊文丛"的想法愈加强烈。尽管面临互联网等新媒体方式的挑战，不少报纸副刊如今仍以其稳定性、原创性、丰富性等特点，坚守着文化品位和文化传承。一大批副刊编辑，不急不躁，沉着坚韧，以各自的才华和眼光，既编辑好不同精品专栏，又笔耕不辍，佳作迭出。鉴于此，我觉得有必要将中国各地报纸副刊的作品，以不同编辑方式予以整合，集中呈现，使纸媒副刊作品，在与新媒体的博弈中，以出版物的形式，留存历史，留存文化。这样，便于日后人们可以借这套丛书，领略中文报纸副刊（包括海外）曾经拥有过的丰富景象。

"副刊文丛"设想以两种类型出版，每年大约出版二十种。

第一类：精品栏目荟萃。约请各地中文报纸副刊，挑选精品专栏若干编选，涵盖文化、人物、历史、美术、收藏等领域。

第二类：个人作品精选。副刊编辑、在副刊开设个人专栏的作者，人才济济，各有专长，可从中挑选若干，编辑个人作品集。

初步计划先从20世纪80年代开始编选，然后，再往前延伸，直到"五四新文学"时期。如能坚持多年，相信能大致呈现中国报纸副刊的重要成果。

将这一想法与大象出版社社长王刘纯兄沟通，得到王兄的大力支持。如此大规模的一套"副刊文丛"，只有得到大象出版社各位同人的鼎力相助，构想才有一个落地的坚实平台。与大象出版社合作二十年，友情笃深，感谢历届社长和编辑们对我的支持，一直感觉自己仿佛早已是他们中间的一员。

在开始编选"副刊文丛"过程中，得到不少前辈与友人的支持。感谢王刘纯兄应允与我一起担任丛书主编，感谢袁鹰、姜德明两位副刊前辈同意出任"副刊文丛"的顾问，感谢姜德明先生为我编选的《副刊面面观》一书写序……

特别感谢所有来自海内外参与这套丛书的作者与朋友，没有你们的大力支持，构想不可能落地。

期待"副刊文丛"能够得到副刊编辑和读者的认可。期待更多朋友参与其中。期待"副刊文丛"能够坚持下去，真正成为一套文化积累的丛书，延续中文报纸副刊的历史脉络。

我们一起共同努力吧！

2016 年 7 月 10 日，写于北京酷热中

目 录

从第一槌开始   1

青山遮不住　毕竟东流去

 ——从 2008 年秋季拍卖说起   9

中国收藏：跨入亿元时代

 ——2009 年秋季拍卖一览   17

春光尽现恐还寒

 ——从香港苏富比 2010 年春拍谈起   26

涨声一片看风帆

 ——2010 年中国文物与艺术品市场回眸   34

春咋暖　花咋开

 ——香港苏富比 2011 年春拍观感   47

水连天　天无限

 ——关于 2011 年度中国文物与艺术品市场   55

但愿人长久

　　——2012年中国文物与艺术品市场之回顾　　70

冬咋去　春咋回

　　——关于2013年中国文物与艺术品市场　　81

静夜且徘徊

　　——2014年中国文物与艺术品春拍观感　　96

平和又一年

　　——关于2014年中国文物与艺术品市场　　108

龙蛇影外　风雨声中

　　——从香港苏富比2015年春季拍卖谈起　　121

当心，拍卖有底牌　　137

痛说赝品　　145

艺术品市场忧思录　　151

神话与笑话　　160

投资与投机　　164

视力与听力　　168

价值与价格　　171

真假与好坏	175
收藏八病	179
善以待之	182
警惕"监守自选"	185
我们应有的话语权	188
拍卖与销赃	192
书画伪证何时休	197
收藏与赌博	200
鸡犬升天即泡沫	206
拼命与拼缝	211
一边干着　一边看着	216
可怕的是不怕	221
有这么些老人	225
柴门不能洞开	231
有的痛是永远的	
——对汉奸作品拍卖的考察	236

试问苍穹深几许

　　——关于文物与艺术品拍卖中的天价问题　247

莫把涂鸦当汗青

　　——乾隆绘画作品拍卖与收藏之考察　255

御题不是点金术

　　——关于乾隆题诗器物收藏与拍卖的考察　263

垫着砖头　依着肩头

　　——关于清宫著录艺术品的拍卖与收藏　271

劈头盖脸霸王章

　　——关于乾隆钤印作品拍卖和收藏的考察　280

后记　　　　　　　　　　　　　　　　　　289

从第一槌开始

1992年10月3日,深圳敲响了中国文物与艺术品拍卖的第一槌,至今已经是第十五个年头了。

1993年11月16日,中国艺术博览会在广州出口商品交易会大厦举行,至今已经是第十四个年头了。

许多年里,中国只有书画与文房四宝一起经营的荣宝斋、朵云轩等为数不多的传统书画店铺,只有生意不温不火、方式刻板生硬的国字号文物商店。"文革"后,才有了桂林画贩子、天津与北京的古玩鬼市等。中国文物与艺术品市场的真正起动,就是这10余年的事。

在第一个10年里,中国文物与艺术品市场获得了全面复苏。期间,中国内地有了单纯经营艺术品的画廊、现代意义上的艺术博览会;有了以现代企业制度组建的

新时期第一场艺术品拍卖会图录封面

文物与艺术品拍卖公司；有了程度与形式接近西方水准的文物与艺术品拍卖等经营制度与法律法规；有了数量庞大（7000万）且逐年以10%以上速度增加的收藏队伍；有了与海外中国文物与艺术品拍卖经营平分秋色的年度成交额。2002年，大陆中国文物与艺术品拍卖年成交额为45亿元人民币，全球总体规模达到西方人士预测的"中国文物与艺术品年成交额为10亿美元"，也即约90亿元人民币。

自2002年以来，中国文物与艺术品市场跃上了一个新平台。在这个平台上，起码需要运行10年，这10年可以称之为夯实期。这期间：就市场主导而言，在复苏期内起决定作用的是国家有关法律法规的制定，唱主角的是政府有关部门。在目前正在运行的这个平台上，唱主角的应该是学术界人士。学术鉴定与评估作为市场主导力量已经当仁不让。就市场主体而言，在复苏期内唱主角的港台及海外人士与机构已经让位于内地企业，特别是内地民营企业与股份制企业。艺术经纪人将是市场的活跃分子。就投资形态而言，在复苏期内担纲的是民间闲置资金，在夯实期则主要体现为投资资本，即从股票、房地产等领域分流过来且相对稳定的资金，并进而有专门的艺术品投资基金进入。

2003年中国大陆文物与艺术品拍卖总成交额为25亿元人民币，2004年为57亿元人民币，2005年为153亿元人民币，3年增长了6倍。进入2006年，中国大陆文物与艺术品拍卖虽然出现了强势调整，但也只是增幅缩小。在中国书画与瓷器成交收缩的同时，中国当代艺术与中国油画却是大踏步前行，屡创新高。根据中国经济发展的时间表以及与之相适应的中国文物与艺术品经营态势，全球中国文物与艺术品拍卖年成交额将在未来几年突破500亿元人民币，其中中国大陆400亿元人民币左右，中国内地将基本把握中国文物与艺术品市场的话语权。

无论是从"乱世黄金，盛世典藏"的古训，还是依现代投资理念；无论是回顾中国文物与艺术品拍卖复苏以来10余年的骄人业绩，还是参照西方艺术品经营业的发展规律；无论是按照中国人的财富积累方式，还是遵从国民经济发展的路线；无论是立足于居民现实收入及其银行巨额存款的现实，还是着眼于中国未来的经济总量，我们都可以说，在未来的50年内，投资中国文物与艺术品是一个风险可以控制、前景十分乐观的事业。

当然，中国文物与艺术品市场的发展不可能一浪高过一浪地一味向前向上，必要的调整一定会出现，因为：法律法规的不健全，特别是执法不严格而产生的法律风险需要排除；资金来源不充足、投资方式欠妥（投机色彩过重）而产生的市场波动需要补偿与平衡；市场结构不理想，特别是画廊业发展不充分而产生的市场重心不稳需要匡正；操作不规范，特别是部分机构与人士急功近利而产生的市场信心不足需要充实；学术力量不够，特别是一部分学术界人士见钱眼开，一部分机构混水摸鱼而产生的不良市场态势需要改正。

我们欣逢盛世！我们何当盛世？有关中国文物与艺术品市场的方方面面应当为盛世的长久而努力。

如果说，吴昌硕、任伯年、齐白石、吴湖帆等曾经身遭战乱，以卖画为生，难免简单从事。如果说李苦禅、谢稚柳、陆俨少、关山月等曾经身处闹世，卖得少送得多，难免敷衍了事。今天的许多书画艺术家已经是身价百倍、锦衣玉食，有时间、有精力、有物质基础和文化素养，应当为今天、为未来创作一些有分量、有个性、有传统意味、有时代气息的作品。而实际上，他们作为各项活动的组委、评委提供的"特邀作品"，哪怕是为全国美展提供的"特邀作品"决不是他们的代表作，甚至不及他们的成名作，有些甚至是应酬之作。如此一天天、一月月、一年年地应酬下去，我们相信，应酬别人之后，终会有应酬他们自己的那一天。现在，在拍品征集艰难的情况下，各拍卖公司只能重名头而轻品质，高比率流拍的现实说明竞拍者是明智的。如此也说明，历史对于应酬者从来就没有姑息过。

就绝对数而言，全国从事文物与艺术品研究的队伍并不零落，科研院所、高等院校、文博系统的有关人员加起来可不是一个小数。可是，这支队伍在文物与艺术品市场却是战斗力不强、杀伤力不弱。一些专家多年编纂的著作，如《中国古代书画图目》成了宝典，但也有个别老专家在古代作品旁的题跋被人评论为"不如没有"。一些专家在电视台出镜,以其法眼与学识鉴伪识真,提高了国人的文物保护意识与艺术鉴赏能力,但也有少数专家跨越自己的研究领域,成了万金油式的专家,给后世留下了一些笑柄。更有一些专家受经营机构所托,从事所谓学术工程:以学术的名义举办的展览、出版的画册、进行的讲座……甚至有学术机构把拍卖公司的一个专场当作了一个学术展览。其内里,却是托伪掺假造市,利益驱动之下,却是学术良心的出场与学术品位的下滑。

谁应当对中国文物与艺术品市场的学术负责,到如今,确实没有响应者。赝品如此之多,到了千人所指的地步。但是,除了收藏者因此而血本无归,没有其他人受损,造假者在那儿窃喜,售假者也在那儿窃喜。更为可怕的是,收藏者还不知他万分珍惜的"古董",却是一个崭新的仿品。小巫见大巫的是,一些拍卖公司假拍大行其道。前年,在纪念中国拍卖行业协会成立10周年之时,各方人士曾经认真讨论过如何考察拍卖成交纪录的真伪,到如今却是毫无结果,说是"有技术上的难度"。看来,只有"提高拍卖公司及其人员素质"这个口号可以喊了。问题是,自中国拍卖公司成立的那一天起,我们就把这个口号喊得震天响,假拍却不时出现,因此,许多媒体只好停止所谓排行榜。中国文物与艺术品经营的历史在数据阙如中展开,委实有些无奈。

但是,历史的无奈正好是我们的责任。否则,我们何当盛世!

(原载《人民日报》2007年8月30日第9版,与徐红梅合作,署名本报记者邵建武)

青山遮不住　毕竟东流去

——从 2008 年秋季拍卖说起

虽然还有一两家拍卖公司尚未举槌，2008 年中国文物与艺术品秋季拍卖的格局已然确定，可谓"落花流水春去也"。只是，这花缘何落、水流何处、春几时回却是值得探寻的。

是遭遇，也是策略

开列各大拍卖公司的成交纪录，用一根曲线来连接其顶点，除了北京华辰、天津文物，其他拍卖公司几乎都是今年春拍达到高端，然后掉头直下，而及腰间，呈对折之衰。大陆的中国嘉德、北京保利、北京瀚海、北

"清雍正粉彩过枝菊蝶九秋盘"在北京保利2008年秋拍"菊采东篱——日本珍藏重要明清陶瓷"专场中,以1187万元人民币成交

京匡时、北京诚轩、北京荣宝如此，香港的国际大牌拍卖公司佳士得、苏富比亦如此。

美国的次贷危机已经恶化为全球性的金融危机，且有引发经济危机的可能，银行存款利率急速下降，甚至归零，各国政府纷纷自掏腰包、救这救那，平头老百姓别无他法，只有勒紧裤腰带、捂紧钱口袋。于是，去年秋天还高唱"风光无限"、今年春天还感慨"有惊无险"的中国文物与艺术品市场到了如今，同样无法幸免，应声而下，可见这金融危机的厉害。

将之完全归结为金融危机所致，是一个简单的办法，却不是那么令人信服，个中原委还有些故事。一方面，是西方投资中国文物与艺术品，特别是投资中国当代艺术的机构与个人先走一步，曾经感受过经济危机的他们早在去年就开始大规模抛售藏品，在纽约抛售来不及了，又赶到香港抛售。中国的收藏机构与个人理性上知道金融危机必然来临，感性上却还是有些迟疑，心存侥幸，于是乎，接了中国当代艺术这一拨行情的最后一棒。何时解套，真是不好说了。另一方面，对于行情败落的估计，有人茫然，有人迟疑，也有人明白，所以，一些拍卖公司及时缩减了中国当代艺术的比例，并进一步降低了拍品的估价；一些出让人也降低了拍品底价；更多的是惜售，不到万不得已，不把好东西拿出来拍卖。无奈，大势不好，行情不行，2008年中国文物与艺术品的秋季拍卖就这样遭遇寒流，滑向谷底。

是谷底，还是拐点

眼前的这场金融危机怎么摆脱？能不能够摆脱？何时能够摆脱？这都是未知数。因此，说中国文物与艺术品市场下滑行情已经见底，或者说什么局部的波动不会影响整体的走势，都是自我安慰的话。当前中国文物与艺术品市场行情的委顿还只是一个开头，今后的日子还会更加艰难，也就是说，中国文物与艺术品市场正处拐点，拐向调整，拐向平缓，但愿能够拐向理性。

何以如此消极呢？

其一，从中国文物与艺术品市场的从业人员来看，参差不齐的队伍、高低不一的水平、虚实难辨的成交、松紧失度的监控，使起步刚刚十余年的中国文物与艺术品市场多年来为假拍、赝品困扰，压垮骆驼的那根稻草明面上看是金融危机，实际上是中国文物与艺术品市场本身的制度性缺陷与素质上的先天不足、后天失调。所以，有人说，金融危机不来，中国文物与艺术品市场也应当调整。

其二，所谓全球经济"一体化"是一荣俱荣、一衰俱衰，欧美经济的停滞必然影响到我国经济的发展，国家大的经济环境变化必然影响到中国文物与艺术品市场的格局，最重要的是信心的挫伤。在收藏领域，第一重要的不是钱，而是信心——对于国家前途的信心、对于经济前景的信心、对于文物和艺术品价值的信心等。而从今年秋拍看，出让者的惜售说明大家对国家的前途与文物、艺术品的价值不缺乏信心，而只是对于此次金融危机影响中国经济的力度有多大、时间有多长没有把握。中国文物与艺术品市场年成交额只有200多亿元，只是中国股市日成交额的几分之一，对于中国文物与艺术品市场来说，钱不是问题，但信心的确立需要时间，受伤的信心的恢复、重建更需要时间。

其三，从微观上来看，2007年中国文物与艺术品的年成交额为260多亿元，增长的几十亿元主要是中国当代艺术的"贡献"。2008年春拍的情况之所以令人乐观，就因为在纽约遭遇滑铁卢的中国当代艺术，在香港和大陆是"春风依旧"。现在算来，坚挺的中国古代书画只是那几件名列《石渠宝笈》的前人遗墨，不衰的只是屈指可数的近现代几位名家精品力作，为人看好的皇家玩意儿与宗教艺术品毕竟数量有限，难以对冲中国当代艺术成交量与成交价急骤下滑带来的亏空，更难以填补经济环境受损与市场信心受挫造成的沟壑。

是沟壑，也是台阶

从开始的那一天起，中国文物与艺术品市场就是一项生机勃勃的事业与产业，因为它所经营与打理的是我们民族的宝贝。我们这个民族有数千年文明史，有无尽的宝贝。所以，眼前的挫折只是暂时的，眼前的沟壑真的掉下去了，还是有台阶可供攀援上升的。

在这次调整当中，中国当代艺术首当其冲。在中国文物与艺术品收藏门类中，中国当代艺术是最年轻的，也是最有活力的，遗憾的是，其创作上的活力来自艺术家内心关乎民族与时代的情感与思考，而其市场上的活力则来自异国他邦。那些外国艺术经纪人与艺术品投资机构无力操作内涵上难以理解、数量上难以胜数的中国书画，也无力操作为欧美人士钟情、但其收藏历史远不及我们遥远的中国瓷器与玉器，甚至也无力操作与西方艺术同祖同根的中国油画与雕塑，选择中国当代艺术是基于他们的理解，也基于他们的谋略：利益的最大化。没有什么东西比一文不值更便宜，没有什么速度比一步到位更迅速。在这一个回合，西方人打了一个大胜仗，关于中国当代艺术的市场调整将是非常漫长的，我们的有关机构与人士很难从跌倒的地方重新爬起来，但我们可以从别的方面汲取教训。

中国当代艺术的教训只是局部的，而关涉全体的则是投资与投机的清理。在中国文物与艺术品拍卖现场，我们几乎见不到收藏家，大家不是艺术品经纪人，就是开始关注文物与艺术品收藏的机构或个人；我们偶尔能够见到一两个大收藏家的藏品出库，那些经过漫长的岁月、经过精心挑选、因为家族变故而重现江湖的文物与艺术品太难得一见了，比比皆是的是去年买的今年卖，香港买的大陆卖，古董店买的拍卖会卖，不要说收藏家，连投资人都很少，举牌人大都是投机者。于是，大家都在给拍卖公司打工，就像炒股者都在给证券公司打工一样。如果有利可图，一切相安无事。现在的问题是，遭遇了金融危机，奇货难居，奇货难售，奇货只能贱卖。因此，我们再也不要相信那些四两拨千斤的神话，我们再也不要把全部的积蓄拿来生死一搏，我们再也不要盲听盲从了⋯⋯

行情热闹时不能没有主见，行情低落时不能没有远见，要相信中华民族的伟大复兴事业一定向前推进，相信眼前的中国宏观经济形势向好不坏，相信中国文物与艺术品终究物有所值、物超所值，因为"青山遮不住，毕竟东流去"。

（原载《人民日报》2008年12月27日第7版，署名本报记者邵建武）

中国收藏：跨入亿元时代

——2009年秋季拍卖一览

2009年中国文物与艺术品秋季拍卖会其实是在一种忐忑不安的心绪下揭幕的。

今年春季拍卖虽然没有出现大家恐惧的"春寒料峭"，但是，中国当代艺术的掉头而下之势没有停止，宫廷艺术与工艺品的交易常涉"战争掠夺物"而令人举棋不定，中国近现代书画除了几个巨头外其他艺术家不再随波而起，中国古代书画依旧被真假莫辨缠绕而难以轻装前进，中国油画除"红色经典"营盘坚固外也只是赚了几声吆喝……让人意外的是，2009年的这个秋季，中国文物与艺术品的这季拍卖，却是强势而上，可圈可点之处不少。

闪亮的亿元平台

早在秋季拍卖揭幕之前，北京一家拍卖公司的老总就放出话来，今年秋季拍卖的最新纪录一定由他们公司创造。果不其然，他的话兑现了。不过，他们所创造的纪录保持时间不长，更新的纪录又出现了。

10月18日，中贸圣佳国际拍卖公司举行清乾隆宫廷纪实绘画作品——徐扬《平定西域献俘礼图》（图1）手卷专场拍卖。作品从7800万元人民币起拍，经过激烈角逐，最终以1.344亿元成交，超过北京匡时今年春拍中以8400万元成交的八大山人作品《仿倪瓒山水》，刷新中国绘画拍卖成交世界纪录。

11月22日，北京保利国际拍卖公司的中国艺术品夜场"比利时尤伦斯夫妇藏中国古代及近现代书画专场"中，明代画家吴彬的人物画作品《十八应真图卷》（图2）以1.6912亿元成交。一个多月时间内，二破中国绘画拍卖成交纪录。

在这次秋季拍卖中，同时登上亿元平台的还有北京保利同场拍卖的"唐宋八大家"之一宋代曾巩书法作品《局事帖》，以1.0864亿元成交。11月23日，中国嘉德2009年秋拍"宋元明清法书墨迹专场"中，《朱熹、张景修等宋元名贤题徐常侍篆书之迹》经过近一个小时的激烈竞价，以1.008亿元成交，高出估价60余倍。与此同时，拍卖成交价过千万元的物品超过了50件。过亿元的拍品全部由中国内地收藏家所有。

与此同时，还有多项纪录被更新：北京翰海15周年庆典拍卖会上，"清乾隆青花海水红彩龙纹八吉祥如意耳葫芦瓶"以8344万元成交，创中国内地瓷器拍卖纪录；清嘉庆御制"凤麟洲""水净沙明"翡翠组玺以1769.6万元成交，改写中国内地印章拍卖纪录。中国嘉德"泽古怡情——清代宫廷艺粹"拍卖中，"明·月露知音琴"以2184万元人民币创出明代古琴成交纪录新高。其邮品、钱币、铜镜拍卖中，清代"咸丰通宝·大清壹百"以196万元人民币成交，创出古钱拍卖历史新高；唐"海兽葡萄镜"以268.8万元人民币刷新了铜镜拍卖的成交纪录；邮品专场以1367万元人民币创内地

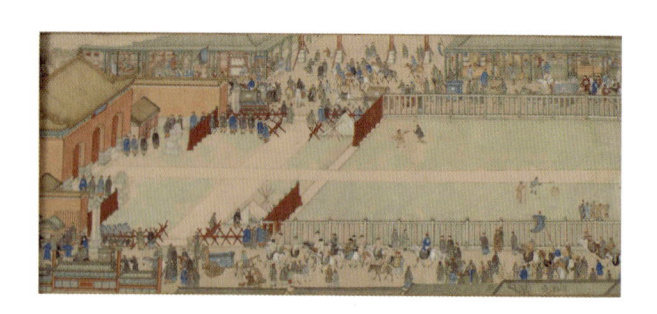

图 1　清代画家徐扬所作《平定西域献俘礼图》局部

邮品类专场拍卖总成交纪录，也是内地邮品专场总成交首次超过千万元大关。北京保利中国艺术品夜场中，齐白石作品《可惜无声·花鸟工虫册》以9520万元成交，打破中国近现代绘画拍卖成交世界纪录。

1996年10月18日中国嘉德秋季拍卖会上，傅抱石手卷《丽人行》以1078万元人民币成交，是为中国绘画作品首破千万元大关。从那时到今年10月18日，中国绘画作品从千万元到突破亿元大关，花了整整13年。照此推理，中国绘画作品拍卖要突破十亿元大关，大约在2022年前后。要达到这个目标，有两个前提，一是中国宏观经济长期向好不变，二是境外有价值相等的物件回流。中国有数以千万计的文物与艺术品被境外机构与私人收藏，价值过亿元，甚至更高的文物与艺术品也不在少数，只要中国人愿意出大钱，多数境外机构与人士自然会源源不断地提供我们十分珍爱的宝贝，更不用说那些早有预谋、囤积居奇的基金会与古董商。按照国家确定的21世纪头20年的奋斗目标，2020年中国将实现人均国内生产总值比2000年翻两番。届时，中国文物与艺术品单价成交纪录达到十亿元人民币应该会成为现实。因此，让我们为华夏祝福。

涌动的文人气息

前些年，中国艺术品拍卖不仅"突破"了亿元大关，甚至"突破"了十亿元大关，但是那些"突破"没有得到社会公认。今年的中国书画作品数破亿元大关，保证了这种纪录刷新的真实性，让我们从中看到了中国文物与艺术品市场的平台得到了较为充分的夯实，天空也较以往清朗。认真地了解今年秋季拍卖的"大好形势"，

图 2　明代吴彬中国画《十八应真图卷》（局部）

则可以从中感觉到文人气息的涌动，学术、历史、理性……这些字眼告诉我们，中国文物与艺术品市场越来越条分缕析，规矩多了，沉稳多了。

明代万历年间官拜中书舍人的吴彬虽以画家身份供奉内廷，却与江南文人交游甚广，作品有个性，有创造性，其山水"不逊位于宋代巨匠"，其人物"貌甚奇古"。1989年，其山水《宕壑奇姿图卷》在纽约苏富比拍卖中以121万美元成交；今年中国嘉德春季拍卖中，其人物《临李公麟画罗汉卷》以4480万人民币成交。吴彬的作品得到了市场的高度认可。其作品传世不多，为清宫收藏典籍《石渠宝笈》《秘殿珠林》收录的共18件，而得乾隆皇帝御题的只有这件《十八应真图卷》，人称"宝笈之宝"。不过，收藏家之所以出高价而至亿，并非因乾隆的御题，而主要是因为吴彬人物作品的独特性与艺术性。在美国中国艺术史学家高居翰的《气势撼人——十七世纪中国绘画中的自然与风格》一书中，开列有《吴彬、西洋影响及北宋山水的复兴》专章，高度评价他的创作。台北"故宫"曾以专展形式，将吴彬与陈洪绶等明代大家并列称为"变形主义"。可以佐证的是，在前不久举行的香港佳士得秋季拍卖会上，由乾隆御题的清代画家钱维城山水《九如图》也是估价2000余万，也为《石渠宝笈》收录，作者钱维城也是官至工部右侍郎，甚而为清廷画院领袖，最终因作品画面粗疏、质量平平而勉强成交，远不及吴彬作品风光。究其因，还在于作品的艺术魅力不及而影响了市场号召力。

在北京华辰2009年秋季拍卖会上，薄薄一本《书巢秘藏近代名士手迹》，28件作品，其中半数幅不盈尺，现场交投却是十分活跃，气氛热烈，成交价均在估价数倍以上，成交率达100%。之所以如此，就在于王伯祥、王湜华两代学人传承的现代文化人手迹真实可靠、清气四溢，让人珍重。《朱熹、张景修等宋元名贤题徐常侍篆书之迹》曾在境外上拍，估价600万—700万港币而流标，这次上拍，估价仅为160万—350万人民币，最终成交过亿元。宋代文人曾巩《局事帖》亦曾在境外以50万美元成交，十余年后，成交价涨了数十倍。

在今年秋季拍卖中，中国书法作品，无论古代还是近现代，之所以不让中国绘画，而成并蒂莲，一方面是因为中国宏观经济面的暖风频吹，一方面则是因为中国书法，特别是古代书法行情近年持续看涨，今年春拍更有大幅提升之势。这种步步高的上佳局面最终还要归因于传世作品的高度可信与中国书法本身的独特的审美特征与绵长的艺术魅力。

联系到齐白石作品在今年秋拍中的整体抬升，联系到中国学院派油画价格的持续增长，联系到海外华人艺术家作品的企稳回升，联系到"红色经典"的不冷反热，联系到涉史邮品的高价成交，联系到中国当代艺术的继续下滑，也联系到拍卖公司等中介机构与收藏者对于出版物的重视与审慎……在一片繁花之下，可以看到渐次明朗的清流；在涌动的文人气息之中，可以闻到书卷的清香——这远比中国收藏跨入亿元时代更令人欣喜，更令人充实，因为中国收藏可以跨入亿元时代，也可能退出亿元时代。

（原载《人民日报》2009年12月13日第8版，署名本报记者邵建武）

春光尽现恐还寒

——从香港苏富比 2010 年春拍谈起

不久前,为期 6 天的香港苏富比 2010 年春季拍卖会欣然落幕,估价 13 亿港元的 2400 多件文物与艺术品最终成交近 20 亿港元,创造了香港苏富比最高季成交纪录,也打破了一些单项拍卖世界纪录。

坐在香港会展中心的拍卖场中,听着或重或轻的拍卖槌声,记着或高或低的成交纪录,看着或颦或笑的各方人士,想着一些或大或小的问题:

真的是风景这边独好?

在世界上,特别是大小发达国家饱受金融危机恐吓与折磨之时，中国因为多种原因，特别是应对有方而有惊无险，中国文物与艺术品市场因此不衰反荣，这也包括境外涉及中国文物与艺术品的市场。在伦敦，在纽约，在那些关于中国文物与艺术品的拍卖场中叱咤风云的，前些年已经由欧美人士转换成了亚洲人士，这两年，又由亚洲人士转换成了中国大陆人士。听说，前不久，有大陆人士拿下了纽约某场中国玉器拍卖中的一半拍品。欧洲的旧货跳蚤市场上也有不少大陆人士在那儿淘换，在那儿捡漏，中国文物与艺术品拍卖中的回流物已经主要不是由海外人士提供，而是由自己人大包小包从海外运回来的。

就这几年的情况来看，真的是风景这边独好！3月中下旬，有风向标之称的中国嘉德四季第二十一期拍卖会如期开槌，成交总额达2.62亿元，其中中国书画、瓷器工艺品以及古籍善本3个门类均创出历史新高，个别专场成交率更是接近100%。

如果说嘉德四季第二十一期拍卖会为2010年的春季拍卖强势开场，是春寒料峭时的报春花，那么，香港苏富比2010年春季拍卖会则似是那于干裂枝头盛妆而出的玉兰花了——印尼艺术家李曼峰油画《峇厘民采》以2530万港元成交，刷新了东南亚艺术品拍卖的世界纪录；清乾隆"太上皇帝"白玉圆玺（图1）以9586万港元成交，刷新白玉拍卖与玉玺拍卖两项世界纪录；御制东珠朝珠以6786万港元成交，刷新御制珠宝拍卖世界纪录；清乾隆铜胎画珐琅"富贵万寿"图三层提匣以2754万港元成交，刷新北京珐琅器拍卖世界纪录；清乾隆御制竹黄"九如灵芝"图如意以1578万港元成交，刷新竹雕拍卖世界纪录；其中国书画、名贵腕表、中国瓷器及工艺品、珠宝及翡翠首饰等专场均创造了香港苏富比同类拍卖专场的最高纪录。同时引起人们热议的则是：估价甚高的《张宗宪珍藏中国近代书画（第三部分）》最终以比估价下限高、比上限低的1.13亿港元成交，不仅重申了"店大欺客，客大欺店"的商业古训，也证明：收藏家的个性也是生产力。被人高调质疑的由原台北"故宫博物院"副院长江兆申题签旧藏的董其昌、王铎书法与恽寿平绘画多以高价成交，再次说明了艺术品鉴定的艰巨性。刘野、蔡国强、岳敏君、曾梵志作品均以千万港元成交，虽然不能说明中国当代艺术已经止跌企稳，但也可以说明：中国当代艺术要稳定收藏家的军心，或者说要获得长远的未来，当代艺术家还得潜心创作，拿出力作，只有力作才具有绵久的市场号召力。

春暖还寒时候如何将息？

应该说眼前是春光一片，看不到乍暖还寒的迹象，但是，香港苏富比2010年春季拍卖会中的一些情况，虽然没有"近忧"之虞，却有"远虑"之需。一些收藏家所体现的观念与素质方面的缺陷，确有弥补的必要。否则，如果未来的某一天，中国文物与艺术品市场真的出现"还寒"，有些人、有些方面恐怕就难以"将息"了。

因为惧怕赝品，收藏者对于文物与艺术品真实性的追求到了偏执的程度。这表现在拍卖中，就有人对于来源可靠的物品大举追高，无视成本，无视物品本身的内涵分量——文物价值、文化价值、艺术价值等，这样，一些名家大师的一般性作品竟以天价成交。一件张大千的小品，因为来源其亲属，既不是他的代表作，且幅不及尺，

图 1　乾隆帝御宝题诗白玉圆玺

最后以 240 多万港元成交。来自江兆申珍藏张大千晚年重要作品《阔浦遥山》虽然成交价高达 2194 万港元,其每平方尺价格却仅是约 177 万港元,远不及前者的每平方尺 410 万港元。未来,这天价小品如何出手,一定是一件让人挠头的事。市场中有云:最大的风险是买了赝品。甚而至于:只要东西对,就没有风险。这只是表达了对于赝品的恐惧,其实,文物与艺术品市场中,风险有许多的来源,也有许多的层次,除了"最大的风险",还有次风险,譬如说地价物品的天价成交、劣质物品的优价成交等投入产出的严重失衡,物品断代的以旧仿代古器、一般性作品的学术高拔等质量评估的严重失误等。我们可以说,买假是收藏的第一道风险,而其他风险如果不加规避,也可以使收藏事业半途而废。此类事件,可以说是不胜枚举。

发生在文物与工艺品领域的这类现象主要体现在对于皇家物品的痴迷。近几年,中国文物与艺术品市场中最为显赫的一张牌便是"皇家贵胄"。拍卖公司打这张王牌,中介经纪也打这张王牌,收藏机构与人士也是十分信赖,完全到了迷信的程度。在香港苏富比的这次春拍中,1815号拍品"乾隆帝御宝题诗白玉圆玺"是2007年秋拍中出现过的,当时的成交价为4624万港元,这次的成交价是9586万港元,两年半时间,价格翻了一番多,这不奇怪,也可能,再过两年半,其价格还会上涨,因为中西文物与艺术品的市场价格还有较大差距。但是,人们却忽略了这样一个事实:这件文物对于总部不在中国境内的香港苏富比公司而言,只是他们中介的一件拍卖品,而对于中国人来说,它却是一件"战争掠夺物"。香港苏富比2010年春季拍卖会的1814号拍品

图2 林风眠中国画《花园一角》，是次成交价662万港元

"乾隆帝御宝交龙纽白玉玺——四海有民皆视子,一年无日不看书"也是这样一件赃物。中国政府与中国人民从来没有,也永远不会放弃对于这类文物与艺术品的正当追索权。香港苏富比公司2007年秋季拍卖图录中关于这件文物来源的介绍是:"北京寿皇殿,1900年,法国将领德·耶赛(de Gercey)于1900年掠至法国"。这次投拍时,香港苏富比公司相关图录中提供的来源是

"香港苏富比2007年10月9日、编号1301"。他们汲取了别的公司敢冒天下之大不韪的教训，但他们也不愿意得罪客户，更不愿意放弃可能产生的高额利润。但是，这次举牌竞投获得这件文物的收藏家便承担着道义上的压力与经济上的风险。如果，在未来的某一天，中国、埃及等国政府通过国际组织，修改了多年前由强势国家制定的包含有"五十年追索期"的不合理条约，像这件文物一类的"战争掠夺物"当无条件地归还其所有国。因此，理智的收藏家应该充分了解拍卖公司提供拍卖标的的来龙去脉，以及相关的国际条约与国家法律，切莫毫无防备地接手一只烫手的山芋，也不可心存侥幸地打一次擦边球，要知道，收藏与投资之间没有可以绝然分开的一道鸿沟，而收藏是一项千秋之业，是需要参与者每时每刻认真"将息"的。

的确是风景这边独好，只是景来了，风也来了，但愿所有的收藏者既赏春光，又自珍重。

（原载《人民日报》2010年5月9日第8版，署名本报记者邵建武）

涨声一片看风帆

——2010年中国文物与艺术品市场回眸

如同股市一样,每年初,中国收藏界都会讨论一个话题,也即"后市如何"。每次,都是众说纷纭。到了今天,2011年初,关于中国文物与艺术品市场的后市,人们的意见可以说是空前的趋同,倾向于一个字:"涨!"

因为,宏观经济长期向好的趋势没有变化。

因为,国家坚持调控楼市的决心没有变化。

因为,股市低位运行、窄幅波动的状态没有变化。

因为,城市化建设导致家庭装饰需求的巨幅增长没有变化。

因为,老百姓的文化需求,特别是精品文化需求的增长没有变化。

因为,老百姓的钱需要保值、需要增值,办法又不多的状态没有变化。

更重要的是,国家、机构与个人,海内与海外,国人与洋人,主观与客观,生意与理想等,关于中国文物与艺术品的伟大未来之评估都没有变化。

而其内在动因,则是在2010年,从年初到年尾,中国文物与艺术品市场是涨声一片。

据不完全统计,2010年中国文物与艺术品拍卖市场年度总成交额为502亿余元人民币,较之2009年的225亿余元人民币增长了123%。年度成交额过500亿元人民币,曾经是人们预定在2013年的目标。届时,中国文物与艺术品拍卖将跨入第三个十年。

在2009年4件中国文物与艺术品成为亿元拍品之后,2010年又有10余件拍品跨过亿元门槛,且由瓷器、古代书法、古代绘画扩展到古代乐器、玉质印玺、近现代绘画与掐丝珐琅器等。中国文物与艺术品的亿元俱乐部不仅数量增加,而且品种已然多样。

亿元拍品的批量出现不仅确定了中国文物与艺术品拍卖亿元时代的形成，而且推促了"货好即价好"概念的普及，中国文物与艺术品市场的理性成分明显提高。也因此，贯穿2010年的"涨声一片"，有理由获得大家的"掌声一片"。

不过，在"涨声一片"与"掌声一片"之间没有必然的因果关系，而且，即使是获得了天底下的"掌声一片"，中国文物与艺术品市场依然有困难需要克服，有漏洞需要填补，有未知需要求索，特别是有些问题需要讨论。

进入拍卖领域的资本可谓有力度，却不知其品质如何

2010年10月7日，香港，清乾隆浅黄地洋彩锦上添花"万寿连延"图长颈葫芦瓶（图1）经过几十次叫价，中国瓷器拍卖世界纪录由此改写为2.5266亿港元。

一个多月后的11月11日，在英国伦敦的一场拍卖会上，清乾隆多色釉镂空"吉庆有余"转心瓶（图2）以5160万英镑（约合5.54亿元人民币）成交，再次刷新中国瓷器拍卖价格的世界纪录。

记者目睹并见证了香港纪录的产生,伦敦纪录只是耳闻。香港纪录是在国际拍卖巨头之一的苏富比秋季拍卖会中国瓷器及工艺品专场中产生的,而伦敦纪录是在英国一家名不见经传的拍卖公司 Bainbridges 举行的一场私人遗产拍卖会上产生的。香港纪录的创造者是香港收藏家张永珍,她曾经创造过中国瓷器拍卖的世界纪录,而伦敦纪录的创造者听说是北京一家企业的老板……记者多方寻求佐证,反复与专业人士讨论,得到的结论都是:伦敦纪录是真实的,确有其物,确有其事,确有其人。

由此,我们联想到2010年的许多场拍卖会,联想到年度总成交额与公司年成交额、场成交额纪录的产生与更新,联想到中国文物与艺术品拍卖各品种、各年代纪录的产生与更新,我们不难发现,在2010年中国文物与艺术品拍卖中,天价的产生、纪录的创造,大多不是那些香港、台湾的古董商人与艺术品经纪人所为,而是非专业机构及其代表的手笔,也就是说,在中国文物与艺术品拍卖市场引领风骚的,不再是人们常说的小本

图 1　清乾隆浅黄地洋彩锦上添花"万寿连延"图长颈葫芦瓶

经营的"行家",而是呼风唤雨的大资本,所以,他们既不酝酿,也不迟疑,高举高打,快速推进,可谓力拔山兮气盖世。

人们说,只要有中国的好东西,就会创造出天价,因为,哪儿有好东西,哪儿就会有中国买家。正如英国《每日电讯报》就中国瓷器拍卖出现新纪录评论所言:来自中国、伊朗、埃及和印度的人们正不惜代价地买回他们失去的文化遗产,这些遗产因为战争或是西方收藏者的掠夺而流失海外。

正是这些"不惜代价"的豪情而得到"瓷器爱国主义"的"嘲讽",也正是这些不分青红皂白的壮举而让海外古董商人获了暴利还骂人"愚蠢",也正是这些不由分说的大胆而让人们担心其后劲如何……

来自各方的议论与担忧也得到了一些事实的证明:

清乾隆御宝"信天主人"交龙钮白玉玺以超过1.2亿港元成交,虽然刷新了御制玉玺世界拍卖纪录和白玉世界拍卖纪录,但其十足的"圆明园所有"性质说明了内地竞投者的法律意识淡薄。其行为等于承认了侵略者

图 2　清乾隆多色釉镂空"吉庆有余"转心瓶

及其后人对于战争掠夺物的非法拥有，也使国家的相关追索行动难以开展。

汪精卫、陈公博、郑孝胥等汉奸文人从事汉奸活动时的书法或手迹在一些拍卖公司的大型拍卖会上出现并成交，而竞投者并非都是其部属或后人，也不是外籍人士。拍卖公司的唯利是图与收藏者的糊涂、短视无疑说明——民族大义与道德标准在收藏界常常是一个模糊的概念。

这许多年来，中国美术界、书法界的头头脑脑和活跃人士可以说是每年一个价格、几年一个台阶，其作品要价堪与古人争锋，欲与大师比肩。其实，一旦他们中的一部分人在未来的某一天不再担任领导职务，其作品虽不至无人问津，也最少是价格大打折扣。基于此，当代中国书画家的作品在拍卖市场上远不及其自售价格高。但是，在社会上，在画廊里，他们的作品并不是有价无市，且买卖不小，这说明拍卖会外，也有大资本在运行，也有大问题待讨论。

在拍卖会上，有投机的资本存在与运行，但在收藏领域，一旦进入，多数资本会由活期的变成定期的、定期的变成长期的，因为，文物与艺术品的诸多特性中，有两个特性是不能忽略的，也即变现不易与日久生情。所谓变现不易，就是东西要变卖换成现金不是可以说到做到的，文物与艺术品市场既有周期略长的特点，又有品种轮作的特点，所有人可以割爱套现，但要想立竿见影、总有收获是靠不住的。所谓日久生情，就是说文物与艺术品不同于股票，是可以把玩欣赏的，一旦上手，情则生矣，有了情便难舍难分了。既难以变现，又不忍离去，这对于性喜腾挪的资本而言，可都是不利因素。

所以，在拍卖会上大有作为的资本，在发力之前，一定要有一个方向确定的问题，否则，可能覆水难收；已使劲之后，又应有一个修养的问题，否则，可能难以长久。收藏考验力量，这力量既包括爆发力，更包括持久力。因此，计划进入收藏领域的资本，要三思而后行。已经进入的资本，要耐心修炼内功。不提高认识，不增大内涵，不强化品质，在中国文物与艺术品市场中的资本是不容易扎下营盘的。

资本在亿元拍品上体现的认真与深入，能不能执着并扩大？

从那些亿元成交物品来看，竞投者的研究与考量是认真的、深入的，有些甚至是独到的，多数是先行一步的。

中国古代书画，不仅是中华文明的代表，也在世界艺术之林占有重要一席，其中的优秀之作，特别是那些无物可比、稀缺性强的作品，其价格上限基本不存在，钱的概念已然失去意义，如宋代曾巩、朱熹、黄庭坚的真迹，宋徽宗的写生作品。明代吴彬与清代徐扬的作品一在艺术性上见长，一在历史性上见长，二者的价值不可小觑，价格的高昂自然可以理解。

中国近现代书画，于艺术性、思想性与距离感诸方面都有着优势，徐悲鸿、张大千、李可染等都以其独特的艺术风貌做出了独特的历史贡献，包括齐白石、傅抱石等作品成交价近亿的艺术家，其作品在艺术品市场上一鸣惊人的可能性都是存在的，就在于其重要作品是否应声而出。

清代康熙、雍正、乾隆三个朝代的瓷器与工艺品，因为创作条件的优越与创作环境的宽松，因为创作要求的严格与创作标准的高迈，故有惊人之工艺与动人之魅力，而得到中外人士的推崇，得到市场人士的追捧。清乾隆御制珐琅彩"祥云瑞蝠"开光式"四季花卉"图纸槌瓶，因珐琅彩瓷器的存世量极其有限而得以价格过亿。清乾隆浅黄地洋彩锦上添花"万寿连延"图长颈葫芦瓶因收藏家"中意就要买，再贵都值得"，别人无话可说。北宋名琴"松石间意"屡获官府递藏，保存完整，为北宋官琴唯一典型，理应得到崇高礼遇。清雍正御制掐丝珐琅双鹤香炉有明显"圆明园所有"的特征，不过，以上亿投入而拥有的系海外人士，也就没有强求的理由。但是，这种于理不足的事情，无论中外，都应当回避为上，毕竟，自己的钱是干净的，何必去换一件不干不净的东西而让人欲言又止呢。

让人欲言又止的行为，发生在亿元俱乐部的还是个别现象，较多的则是他们中的一些人士竞投其他物件时，体现出来的观念却是有失水准。譬如说在古代工艺品收藏方面，他们有的对于清代康、雍、乾三朝的工艺品到了近乎迷信的程度，认为凡用料考究者，非造办处制造莫属；凡器型硕大者，非造办处制造莫属；凡工艺精致者，非造办处制造莫属……他们知道，清朝皇家所有的造办处多为大手笔，料好工精，但他们似乎忘记了，如今的伪造者也有不是孤军作战，也有不是小本经营，而是大资本运作，大兵团作战的，正是这些财大气粗的伪造者编造或利用了人们对于清宫造办处的痴迷，而不断地推出皇家收藏或皇家使用的"工艺精品""国家重器"上市，其中有新造的，有拼凑的，有改造的……再配备有权威机构人士撰写的专文佐证。正是这些缜密的安排致使一些人士不再保持警惕、不再执着于推敲、不再认真地思想，在大江大海里能行船的他们，有时却在小河小汊里翻了船尚不知。

买了赝品尚不知，买了次品尚不知，因为被"托"多花钱尚不知，因为炒作多花钱尚不知，这些有钱人犯的不大不小的错误，并不在于他们没有研究与防范的能力，而是他们因为钱小而不认真，因为钱小而不努力，因为钱小而不求人，其实，他们付出的代价并不小，合而计之甚至有些惨痛。而且，他们的这些粗疏与失误又影响到其他人士及整个市场的良性发展。

中国文物与艺术品市场的涨声一片不可能在新的一年戛然而止，但也不能想象未来都是天空如此晴朗，海风如此和畅，潮水如此澎湃。特别是那些有大资金、用大动作、瞄大目标的人们，应当把自己的力量汇入学术、艺术与投资并举的大流中，汇入中国文物与艺术品市场发展的大流中，汇入中华民族文化复兴的大流中，由此，方可风劲帆正，击浪前行。

（《人民日报》2011年1月9日第8版，署名本报记者邵建武）

春咋暖　花咋开

—— 香港苏富比 2011 年春拍观感

进入 2011 年，中国文物与艺术品市场正如人们所料，暖风频吹。

3 月 22 日，作为风向标的中国嘉德四季拍卖第二十五期成交 6.4 亿元人民币，较之上一期，增加了 3 亿元。

4 月 8 日，第一个重头戏 —— 香港苏富比 2011 年春拍成交 34.9 亿元港币，较之该公司去年秋拍，增加了 4 亿元。

为人们津津乐道的则是，3 月 22 日，纽约苏富比举办的戴润斋中国瓷器工艺品珍藏专场中，一件估价 800

到1200美元的"粉彩开光锦上添花纹瓶"（图1），被推举到了1800余万美元（约合人民币1.2亿元），二者之间的差别高达近2万倍。这个被人们称为"世纪大笑话"的事件，则给这个春天，添了一份困扰：春咋暖？花咋开？

风暖时万物复苏

在这个春天，中国文物与艺术品市场似乎到了一个新层面，其主要特征是：卖家、中介与买家三方势均力敌。

20世纪80年代到21世纪初，正值中国经济复苏的起步阶段，中国文物与艺术品市场是买方的天下。苏富比、佳士得等国际大牌拍卖公司敏感于"亚洲四小龙"的经济起飞，相继在亚洲开拓中国文物与艺术品市场，但不久即受限于这些经济体的格局与体量不大，多年不上不下，徘徊不前；许多东西，哪怕是那些来源可靠、质量高超的古董与艺术品也是低价位运作；买家，包括买家的大大小小的代理，在那个时候，可以说是威风凛凛。当年，拍卖公司为了鼓励买家入场，甚至借用银行等金融机构的力量，提供优惠贷款。

到了21世纪初，特别是2003年春拍以后，中国大陆的经济发展到了总量冲关阶段，中国文物与艺术品拍卖由此进入了高速发展的通道，拍卖领域拓宽，拍卖场次增加，拍卖数量放大，拍卖额度提高，拍卖品单价进入亿元时代……急剧提升的行情，让文物与艺术品所有人捂盘惜售，或者漫天要价；让拍卖公司四处奔走找东西，求爷爷告奶奶；让收藏家与投资人大举而入，唯恐滞后踏空……如此十年下来，卖家依然囤积居奇，中介依然忙忙碌碌，买家，特别是中国大陆的那些大买家却有些气力不济，不少人买了东西不按时付款。为此，许多卖家或提出让拍卖公司预付部分款项，或在同一公司以卖抵买。拍卖公司在加大催款力度的同时，或以黑名单的形式警告迟迟不付款的买家，或以提高保证金、单设高估价竞投牌等方式来提高参与门槛。中国嘉德拍卖公司更是在今年的第一场拍卖中，把买方佣金再次提高3%，加大收藏家与投资人的成本。如此，卖家可以说有些穷凶极恶，中介可以说有些破釜沉舟，买家则可以说

图 1 粉彩开光锦上添花纹瓶

阔绰者春风四处、拮据者颜面无光。

如此看来，在当下的中国文物与艺术品拍卖市场中，角力的还主要不是学术层面的问题，不是艺术层面的问题，而是基础方面的、游戏规则方面的问题。从这个意义上来说，中国文物与艺术品市场还有不少的工作要做。

不过，无论是国外比较成熟的文物与艺术品市场，还是中国大陆发展中的文物与艺术品收藏领域，买卖双方与中介这三股力量的较量与合作，是一个常态，过分的此消彼长，既不利于市场的平衡，也不利于本身的发展。平衡着发展，才是健康的形态。当然，平衡不是静态的，要从低层面向高层面抬升。也就是说，暖风起处，当看什么花开、花如何开了。

花开处清香流溢

在香港苏富比2011年春拍现场，真有如步入山谷平野，且看莺飞草长花儿开。

尤伦斯收藏中国当代艺术夜场"破晓——当代中国艺术的追本溯源"让人有意外之感。本来，世界上最大

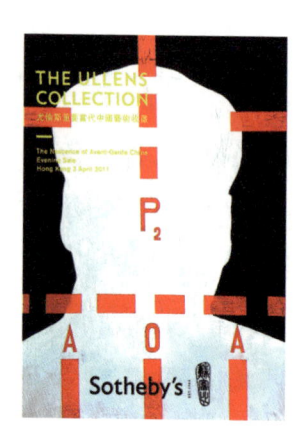

图2 尤伦斯自1987年起收藏中国当代艺术作品，正是中国美术"85新潮"波涛起伏之际，故其"重要当代中国艺术收藏专场"在香港苏富比2011年4月3日夜场以"破晓——当代中国艺术的追本溯源"为题举行时，场面热烈。图为其图录封面

的中国当代艺术收藏家尤伦斯的出货清盘让人为中国当代艺术的市场担忧，而结果是张晓刚的《生生息息之爱》以7906万港元成交，创中国当代艺术世界拍卖新纪录；一些参加了《中国现代艺术展》的作品均以高价成交，尽管其作者没多大知名度。虽然不能说中国当代艺术的市场已经是止跌回稳，但也说明，竞投人对于中国当代艺术的历史给予了充分的关注。

玫茵堂珍藏——重要中国御瓷选萃夜场则体现了竞投者的审慎。这审慎的原因大概有两个方面：一是拍卖公司对于大收藏家有些迁就，部分拍品估价过高；二是中外收藏理念的差异——外国人对于中国古董求个性不求完整，而中国人的要求是既好且精，玫茵堂的藏瓷大多有缺陷。香港大收藏家张宗宪的书画在拍卖中表现平平，也是因为物平价高所致。在仇炎之、仇大雄父子珍藏犀角雕刻专场中，也是如此，估价高的应者寥寥，估价低者常常是竞投活跃。这说明，竞投人重视来源，但不迷信来源；重视传承，但也要求传承物的质量。

中国书画专场不仅件数不多，且质量平平，却有不俗业绩。257件作品成交，成交率为83.4%。总成交额为6.48亿港元，比总估值的1.5亿港元净增加近5亿港元，超过去年秋拍的4亿余港元。虽然没有出现过亿元的拍品，但仍然有15件拍品超过千万港元。引人注目的是这场拍卖中出现的一个新动向：著录之不足，可以出处补之。人们十分重视拍品的历史著录，在著录没有的情况下，如苏富比这样大公司的拍卖就是著录了。这是人们的无奈之举，还是另辟蹊径之策？如果是后者，一定会推助人们进一步加强作品本身信息的收集、整理、分析、研究，一定会助推竞投人艺术欣赏水平的提升与相关学术水平的深化。

在拍卖间隙，听香港朋友谈及纽约苏富比拍卖"粉彩开光锦上添花纹瓶"的情况，不仅不觉得纽约苏富比的专家可笑，反倒心生几分敬意。原来，有关专家在接受戴润斋的这件藏品时，了解到戴润斋的账本中记录有"委托景德镇复制"。岁月悠悠，已经没有人知道这件藏品是原件，还是复制品，所以，专家在委托人的支持下，选择了后者，选择了对于竞投者最有利的说法，选择了有可能牺牲自己声誉而不牺牲他人利益的做法。如果所有的拍卖公司、所有的古董商人、所有的艺术品经纪人都有这种精神，以及在这种精神下的钻研与大度，中国文物与艺术品市场何至于常常为赝品所困、为假拍所扰、为不守规矩而头疼脑热呢？！相反，一定是风暖花开处，春光自妖娆。

（原载《人民日报》2011年4月17日第7版，署名本报记者邵建武）

水连天 天无限

——关于 2011 年度中国文物与艺术品市场

记得去年初,中国文物与艺术品市场是"涨声一片",且不时获得"掌声一片"。如今,"涨声"与"掌声"都已然沉寂了,大家的心思可以用古人的词句来表达,即"寒光亭下水连天,飞起沙鸥一片"。寒光亭如何且不论,这惊起的"沙鸥"是什么,值得讨论。

因为冷却而冷淡

无论是在香港,还是在北京,也无论是哪一家公司,2011 年秋季的拍卖会上,不仅没有了热火朝天的气氛,而且不时凉风习习,甚至有些冷清。

图1 齐白石《松柏高立图》。2011年5月22日晚，在中国嘉德春拍上，此作以4.255亿元人民币成交，这是齐白石作品的最高拍卖纪录，也是中国近现代书画拍卖的最新世界纪录

中国嘉德全年总成交额为112亿余元，创出公司成立18年来的最高成交纪录，相比2010年全年75亿余元总成交额增长了48.7%。但是，除了四季拍卖，其春季拍卖会总成交额达53.23亿元，秋季拍卖会总成交额则不到40亿，成交额减少了1/4许。北京保利秋季拍卖会以49.2亿元的成交额收槌，较之其春拍，成交额减少了近1/5。其他内地拍卖公司大致相当。以往，秋季拍卖要比春季拍卖强，所以如去年这般走下坡路的行情，人们自然觉得有些凉意。香港苏富比2011年全年拍卖总成交额74.9亿港元，较2010年增长40%。香港佳士得2011年全年总成交额也达70余亿港元，较之2010年的55亿余港元，增加了近1/3。但是，在这两家全球最大专业公司的香港拍卖会现场，春秋两季的感觉反差较大，前者春意盎然，后者秋色阑珊，一些高价位物品最终以折扣价成交。虽不能说中国文物与艺术品市场在2011年坐了一次过山车，但先扬后抑的变化、先热后冷的落差是有目共睹的。于是，有关的议论开始了。

有人说，"收藏界成熟了，理性已占上风了"。其实，不尽然。

有人说，"投资人机智了，不再一味搏傻了"。其实，不尽然。

有人说，"投机者冷静了，不再紧赶慢赶了"。其实，也不尽然。

中国文物与艺术品市场自20世纪后期复兴以来，中国的收藏者队伍每年以几何级数增加，现在可能上亿了，但是，除邮票因为发行量太大，大家都被有关机构深度套牢而成为邮票收藏家外，中国哪里还有收藏家？大多是见利就走的主，有定力的也就定几年。香港有收藏家俱乐部名曰"敏求精舍""求知雅集"，台湾有收藏家俱乐部名曰"清玩雅集"，如今，名犹在，实也不同了，那个不成文的规定"只进不出"已经在内地人士掀起的价格狂潮下模糊了，"雅集"在"精舍"里的许多宝贝已经通过拍卖会转移到内地各地了。所以，在眼前，我们几乎没有讨论收藏家如何如何的可能与必要。

投资人是有的，主要体现为机构大户，在去年春天高举高打的是他们；到了秋天，他们的气焰消减了不少，但各大拍卖公司依照春拍安排进秋拍的那些个重器，多数还是他们收入囊中。不过，他们似乎在没有约定的情况下，彼此谦让起来了，在一些重要文物与艺术品拍卖时，他们没有火拼，而是在几个小回合后，谁要给谁。但是，我们没有理由相信，这些投资人是冷静了。进一步说，他们体现出来的"冷静"好像是被迫的，从他们发起招募艺术品基金的规模不大分析，应当是一级市场投资人的专注促成了他们的冷静，而欧美金融危机造成的冷落也是重要原因。所以，在眼前，我们还没有理由相信机构投资人的不追高不搏傻是中国文物与艺术品市场的学术成果。

投机者不"紧赶慢赶"了，这个说法也是不成立的。无论是内地的，还是港台的，几乎所有投机者都是聪明人，多半还是专家。他们一半人是先找到了买主，才到拍卖会上买东西的；另外一半人则是找到买主以后才到拍卖公司付款提货的，否则，他们会拖上一段时间再说。如此精明的投机人，是不会逼迫自己到慌不择路之境的。

不过，这些投机者确实在去年表现不同。春季拍卖时，他们在机构投资人与不明就里的跟风者之强势下进一步失去了抽丝剥茧的权力。秋季拍卖时，他们又因为超一流的敏感而从一开始就隔岸观火了。所以，中国文物与艺术品市场中的绝大多数行家，在去年秋季拍卖期间，几乎处在休眠状态。他们虽人在现场，但春季他们没有机会举牌，秋季他们没有信心举牌。

其实，没有信心的，绝不止这些感觉敏锐的行家，机构投资人从资金募集时的反应等方面，也感觉到了高空中有冷空气即将南下，且一股接着一股；个体收藏者从股市里拿不出钱来、从房市里腾不出手来、从文物与艺术品市场本身见不到利诸方面也感到窘迫与委顿。更何况大家，无论是机构还是个人，无论是国人还是外人，都感觉到了欧美金融危机的威胁依然存在、国内通货膨胀的压力依然未减，再加之中国文物与艺术品市场自进入亿元时代以来产生的一些信息没有整理、一些问题没有讨论、一些说法没有分析、一些建议与劝告没有好好消化……大家应当坐一会儿、歇一下、想一想，甚至应当暂时离场，做一个局外人，以得到旁观者之清醒与清晰。这样，因为外在原因与力量产生的冷却转化为内在思想培养的冷静而又淡定，就可能使中国文物与艺术品市场在运行中调整，在调整中巩固，在巩固中发展。

且以流标对流弊

其实，在去年秋季拍卖会上，也不是没有令人兴奋的点位与场景，最少，也不是一片冷漠。在高价成交区，虽然没有了往日那种令人翘首以待，也令人似乎窒息的等待新纪录产生的时刻，但一些流传有序、艺术性强的艺术大师经典作品，虽然价估在5000万元以上，还是以不错的价格成交。一些估价在1000万元以内，特别是估价在100万元左右的作品，还不时出现竞投热烈的场面。那些流标的作品，并非作品本身品质不高，也不是估价不准，而是估价定位时，卖方赢利过于心切，中介估价过于乐观，二者的依据是春季拍卖结果，而买方的依据则是现实乃至未来，双方的差别如果不大，则一拍即合，否则便以流标告终。去年秋拍中，双方的认识之间果然有鸿沟。

就市场整体而言，冷是主调，但也不是满盘皆"绿"，中国书画是推动热浪的季风，也是抵御寒潮的山脉，徐悲鸿的《九州无事乐耕耘》（图2）以2.668亿元成交，傅抱石的《毛主席诗意册》（图3）以2.3亿元成交，吴湖帆的《临黄子久富春山居图卷》以9890万元成交，这些都创造了艺术家绘画作品拍卖的新纪录。陆俨少的山水中堂附对联《春江不老图》在2003年香港佳士得春季拍卖会上以95.6万港元成交，当时折合成人民币约为101万元，在中国嘉德2011年秋季拍卖会上，则以4140万元人民币成交，8年增长了40余倍。黄宾虹与林风眠的作品在2011年秋拍中也有不俗表现，这可以说明来自浙江方面的资金有了吸筹动作。

并非所有价格区间的文物与艺术品都不好卖，并非所有机构与投资人都在作壁上观，并非中国总体经济形势有了质的变化而令人悲观，并非中国的有关机构与人士手头没有了可供投入的钱，也并非中国的文物与艺术品没有了收藏、投资乃至投机的价值，更不是中国文物与艺术品市场行情达到了顶点而风险四起，这内内外外相反相成的因素与情况却引导人们走向了冷静,走向了等待,使流标成为了2011年中国文物与艺术品市场的突出现象,成为了评价的主题词之一。这让个中机构与人士无言以对,却让关心此事的人们有话可说,有事可做,这就是,以流标对待流弊——最为聪明、最为有力,也是时机最好的选择。

大踏步前行的中国文物与艺术品市场进步很大,却也积弊渐深,本身的毛病、外疾的侵蚀,二者的纠结,使中国文物与艺术品市场不时闪现修正的信号,这主要体现为对于拍卖机构野心勃勃与参与机构贪心不足的警示。拍卖机构的野心导致了对于未来评估的盲目,对于自身能力的高估,体现在具体事务中,则是小拍卖公司大量地以假充真,大拍卖公司大肆地以次充好,所以,在拍卖公司的图录中可以发现人类的许多缺点与人性的许多弱点:信口开河、无中生有,花里胡哨、言不由衷,东拉西扯、指鹿为马,翻手为云、覆手为雨,横行霸道、自以为是……可是,这些缺点与弱点以图录的方式出现,便具有了排他性与隐蔽性,甚至穿上了学术的外衣。这

图2 《九州无事乐耕耘》是徐悲鸿于1951年创作并赠送给郭沫若的。此画是新中国成立后徐悲鸿最大的一幅作品。2011年12月5日,在北京保利秋拍上,《九州无事乐耕耘》以2.668亿元成交,打破了徐悲鸿作品拍卖价格的世界纪录

些年,舆论界与学术界不是没有提醒,管理机构不是没有告诫,拍卖界也不是没有自我调整,但是,弊端依旧,且有流传之势,更为要命的是,北京的几家拍卖公司在压住境外公司势头,获得所谓全球第几中心以后,相互之间又在比拼成交额,于是,拍卖图录到了以拉杆箱装

的分量，便有了2011年秋季拍卖会上大量流标的现象，便有了以流标对流弊的这出大戏。

但是，出现在中国文物与艺术品市场中的这样那样的问题，虽然都在拍卖机构主持的拍卖活动中体现，但其原因，却来自有关各方。这些年在其中呼风唤雨的机构大户，特别是那些资金大户，也是咎责难免，应当反省的。其症候多样，归结之则可以说，进入中国文物与艺术品市场的许多资金是带病资金。这体现为通体发热、呼吸短促、一溜烟儿。这些资金曾经四处出击，时而房产、时而股票、时而油井、时而金矿，时而海外、时而内地，神通广大，出入自如，多有斩获，是谓热钱。这些资金或者来自银行，虽然利息不高，却有挪用之嫌；或者来自信托，因为周期过短，而难有大作为；或者来自基金，因为承诺过高，而迫不及待，是谓短线。这些资金真如一溜烟儿，行动诡秘，行动迅速，前几年他们是海外买内地卖，因为大伙儿出境不甚方便。如今，他们是这儿买那儿卖，这儿和那儿都在北京城；这时买那时卖，这时和那时都在这俩月，是谓快刀。这赔不得的热钱，这

图3 《毛主席诗意册》之一。这本册页是傅抱石的代表作之一，作于1964—1965年间。2011年11月17日，在北京翰海秋拍中，以2.3亿元成交，创下傅抱石个人书画作品拍卖新纪录

留不住的短线，这停不下的快刀，被一群贪心的汉子耍着，需要涵养、需要探究、需要平心静气的中国文物与艺术品市场就像一个大家闺秀，对此真有些手足无措。但是，市场的特性首先是由中国文物与艺术品及其收藏的特性决定的，绝大多数参与者的痕迹都是暂时的与表

面的，包括与之相悖的那些惊人之举，相信都会如云如雾如烟随风飘散的。

资金带病，首先是带资进场的机构与人士是带病的。这病不少，譬如说无知且无畏，譬如说贪心且粗鄙，最让市场头痛的则是不讲信义。为此，一些拍卖公司对于一部分高估价拍品另制特殊牌号，持特殊牌号者不是可靠的老客户，便需提供高额保证金。同时，各大拍卖行纷纷调高保证金，希望以此来督促买家付款：2011年春拍时，苏富比将"玫茵堂"专场的特别保证金调至800万港币。秋拍时，中国嘉德和北京保利将拍卖会的保证金从20万元提高至50万元，保利夜场保证金调整为100万元，北京华辰、北京永乐也将保证金提至20万元人民币。但是，这只是一个惩罚性措施，问题的解决还得靠提高相关机构与人士的觉悟。这觉悟是对于经济制度的遵循、对于市场规则的遵循、对于他人的尊重、对于文化的尊重，既是对他人利益的尊重，也是对自己人格的尊重。一诺千金，是中华民族的传统美德，也是拍卖自有以来的游戏规则，中国人，走遍天下淘宝贝的

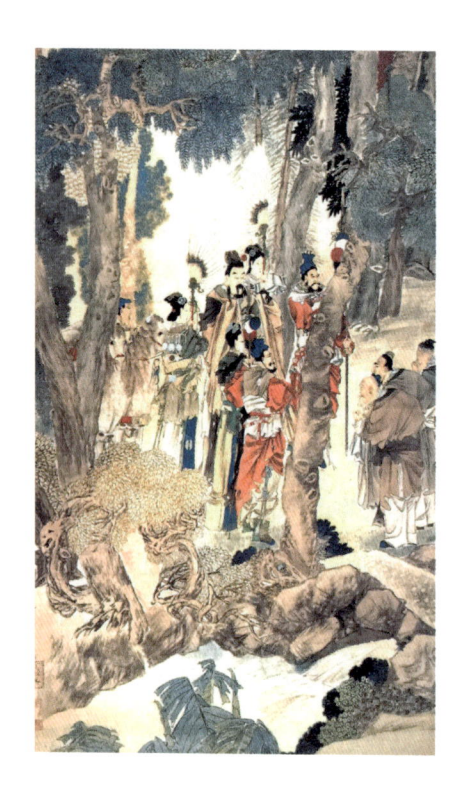

图4 2011年7月16日,在杭州西泠春拍上,近代画家任伯年的作品《华祝三多图》以1.67亿元成交。这刷新了任伯年作品的拍卖纪录,也让其成为继张大千、李可染、徐悲鸿、齐白石之后,作品拍卖成交价过亿元的中国艺术家之一

中国人，一定要遵守之，不能让国人蒙羞。

在某种意义上说，中国文物与艺术品市场在2011年秋季集中出现的偏差及其调整需求是一个积极的信号。这个信号说明中国文物与艺术品市场的参与机构与人士拥有了一定的自我警示能力，由此而促使市场获得自我修复的能力，也可以说是彼此逐步得到了忙里偷闲的定力与闹中取静的清心。清心与定力正是文物与艺术品收藏的两大法宝。

这些年来，中国文物与艺术品市场也是几起几落，有生机勃勃的春色，也有凉意肃杀的秋霜，但是，中国股市2011年下跌超过21%，国家治理楼市的决心没有动摇，境外的富豪们仍然在购买艺术品……基于这许多原因，我们相信这个市场依然处在快速发展的通道中，我们没有理由消沉，没有理由短视，更没有理由放弃，在中华民族文化复兴的浩瀚天地间，文物与艺术品收藏就在其间，水连天，天无限。

（《人民日报》2012年1月29日第8版，署名本报记者邵建武）

2012年中国文物与艺术品市场的"腰斩"之势已然定格，更可怕的是，假拍依旧、炒作依旧，赝品成堆、问题成堆，业界却无动于衷，坐等云开雾散。虽然一边是国际拍卖界大鳄试图"翻墙上网"，一边是内地拍卖公司到香港设点，让香港作为中国文物与艺术品曾经的第一集散地似乎有东山再起之势，背后却藏有中国文物回流之潮可能一波三折的隐忧——

但愿人长久

——2012年中国文物与艺术品市场之回顾

南方的几家拍卖公司还在进行着"秋季拍卖"，完整性的数据要到春节前后才能揭晓，2012年中国文物与艺术品市场的清冷局势却已然定格。"腰斩"之说——今年之成交额为去年之一半——十分恼人，十分醒目。由此，我们是否可以痛定思痛，对对焦点，找找原因，想想办法。

低迷与调整

大家说，中国文物与艺术品市场从去年秋季拍卖开始步入下滑通道，进入了调整期。

其实，这调整主要是大气候使然，各种不利因素的反复敲打使并不脆弱的中国文物与艺术品市场一片低迷。美国的次贷危机、欧洲的金融危机、日本的地震加海啸、玛雅人历法的"世界末日"误读……接二连三的天灾人祸，终于唤起了中国经济与社会发展内在的调整渴望，作为中国经济领域一隅的中国文物与艺术品市场自然也在调整之列。

说来，自20世纪90年代初以来，中国文物与艺术品市场在蹒跚起步十年后，即以初生牛犊之蛮力与锐气，呼啸、狂奔、冲击，不受羁绊，其中有外部环境的影响，也有内在情势的鼓荡，如此又是一个十年，似乎到了理应小憩、休养、调整的时候了。

图 1 北宋汝窑天青釉葵花洗——在 2012 年香港苏富比春拍中，以 2.0786 亿港币成交，创下宋代瓷器拍卖的世界纪录

图 2 12.04 克拉圆形浓彩粉红色钻石，用之做成的 VS1 Type IIa 钻石戒指在 2012 年香港佳士得春拍卖中，以 1.3506 亿元港币成交

更重要的是，从香港复制过来、由海外人士指导的中国文物与艺术品拍卖业，在艺术与经济、收藏与买卖、眼前与长久、传统与现代、舶来品与本土化等元素的交锋对冲等多种方式影响下，有些问题比较沉重，需要认真讨论，如收藏与投资等；有些问题比较重大，需要细心落实，如拍卖企业的文化建设、业界人员素质的提高等；有些问题比较复杂，需要甄别厘清，如国家关税的征收与海外文物回流的鼓励、文物与艺术品之国家收藏等。

不过,"调整"局面的形成较多地体现为拍卖界的步步为营、边打边撤,是不得已而为之。"调整"二字的出现较多地体现为拍卖界之外人士的建议与理论界的观察总结,从拍卖公司提供的拍卖图录里,看不到多少理性反思与自觉调整的迹象。今年和去年,秋拍与春拍,这家公司与那家公司,北京与上海、杭州,文物与艺术品,书画与瓷器、玉器、工艺品,大家都一样,还是老一套,假拍依旧,炒作依旧,赝品成堆,问题成堆,譬如说,古代书画中的皇家品位至上问题,近现代书画中的良莠不分问题,当代书画中的肆意拔高问题;古代瓷器的以假乱真、以次充好问题,当代瓷器的大师满天飞问题;古代玉器的仿制成灾问题,当代玉器的品位不高问题;近现代油画的缺乏研究,当代油画的风格取向单一、写实油画的渐次低俗等问题;前卫艺术的不前卫、年轻人艺术的卡通化倾向严重等问题;理论研究的严重缺位,艺术批评的基本失语,文物鉴定的大家不大、小鬼当家等问题;入市机构投机色彩浓重,国家收藏停滞不前等问题;旧法规的有待补充,新法规的仓促出台等问题。

图3 过云楼藏古籍善本179种——2012年6月4日,在北京匡时国际拍卖有限公司春季艺术品拍卖会"过云楼"藏古籍善本专场中,以2.162亿元人民币成交,创下古籍拍卖的新纪录

据北京地方报纸报道,2012年1—11月,北京市商品房新开工面积同比下降超过40%。中国股市的情况如果不是年底的这几根阳线,情况也是类似。房地产、股票与文物艺术品收藏,这三个被人们并列的投资渠道如今都是滞塞不畅,虽然各有特点,究其因却大致相同。所以,中国文物与艺术品市场的清冷现状并不可怕,可怕的是业界机构与人士无动于衷,坐等云开雾散。当然,中国文物

与艺术品市场中存在的这些问题——思想的、观念的、法规的、市场的、管理的、学术的、艺术的、素养的、技术的等问题，既复杂，又是多年的积累，有些甚至是从海外舶来的，不可能让拍卖界停工进行讨论、专门进行研究、彻底加以解决，但能不能从自身的实际出发、从自身的问题出发、从自身的发展出发，主动而不是被动地、积极而不是消极地、长远而不是短视地、全面而不是零敲碎打地进行调整，让市场的清冷转化为我们情绪的冷静，转化为思想的清醒，各自努力，正本清源，提高管理水平、学术水平、艺术水平与服务水平，使中国文物与艺术品市场在未来的发展更稳健、更富文化性，却是值得大家重视的。

毕竟大家都知道，市场的周期性调整不会忽略中国文物与艺术品市场，更何况，文物与艺术品市场本身就不是一个理想的短期投资品种，其精彩之处是：谁长久地拥有谁才有可能伟大。

关税与回流

如果说到2012年中国文物与艺术品市场的关键词，

排在"低迷"之后,自然是"关税"二字,由此而引发的问题及其思考莫过于海外文物回流的未来可能与路径。

2012年伊始,有关部门在《关于2012年关税实施方案的通知》中,规定三类艺术品进口关税税率由12%降至6%(暂实施一年),让中国文物与艺术品收藏界一时欢呼雀跃;不久,有关部门对几位活跃人士与一些重要机构进口艺术品纳税情况的调查,又使中国文物与艺术品市场一时难免心惊。在国际拍卖界大鳄苏富比与佳士得试图"翻墙上网"——在中国大陆开展文物与艺术品拍卖业务的同时,中国嘉德与北京保利两家内地拍卖公司到香港成立了分公司,并在前不久分别举行了香港首次拍卖会。这几年,韩国、日本和香港本地的机构与人士都在积极地筹划相关事务,香港作为中国文物与艺术品曾经的第一集散地似乎有东山再起之势。这一切的背后,最大的隐忧是这些年浩浩荡荡的中国文物回流之潮有可能一波三折。

的确,降低关税对于内地机构与人士在海外私下收购、拍卖竞投等方式进口中国文物是一大利好,只是,中国关税总水平虽然降低了不少,对于中国文物进口也有了初步的特殊关照,但是,中国相关企业与人士在此方面的税负依然不少,对于刚刚起步的中国文物与艺术品收藏界甚至可以说是有些沉重。所以,相关机构与人士于是以不报关或低报关的方式,少交或不交相关税款。2012年,相关的税率下调50%,但是,总的税负依然是比较高的,所以,偷漏关税的情况依然比较严重。国家利益必须保护,所以,有关部门在今年相继邀请一些机构负责人与相关人士座谈。由此而引发了一些机构与人士把海外中国文物的经营与收藏业务安排在海外进行,所收购的中国文物与艺术品也就留在海外。中国文物的回流之势自然陡降。

海外中国文物与艺术品的大量回流,是中国改革开放三十多年的巨大成果之一,也是中国社会与经济、文化发展的未来需要。近一百多年中华民族被动挨打的表现与结果之一是中国文物与艺术品的大量低价外流,所以,当中国出现了拍卖业,中国人的收藏意识苏醒了,中国人

图4 2012年6月3日,在北京保利春季拍卖会中国近现代书画夜场中,李可染中国画《万山红遍》以2.9325亿元人民币成交,创下李可染作品世界拍卖纪录

有了收藏文物与艺术品的能力，那些多年流落海外的"孤魂"开始以各种方式踏上了回家之路。与此同时，中国社会经济的巨大发展引发了对于文化的巨大需求，各地开始了大规模的文化设施建设，但是，除了各地的博物馆有些家底，各地的美术馆大多空空如也。即使是基础相当雄厚的上海，当他们按照发达国家模式分阶段设立收藏机构时，现当代部分也碰到了艺术家人头够数而作品水平不整齐的问题。中国依然是一个发展中的国家，依然处在钱少事多的阶段，特别是文化建设方面，依然需要国家的大力支持、扶持。所以，国家在严守海关的同时，应当更大地开启税率闸门，放虎归山，放水养鱼。

此虎何虎？此鱼何鱼？

是许多年前，被英法联军、八国联军强盗从北京圆明园掠走的！

是许多年来，被中外不法商贩联手以各种方式从中国拐骗走的！

是许多年来，被中国的不肖子孙从历朝历代坟茔中盗取贱卖的！

是许多年来，被国家机构与人士为了外汇以可怜的价格换走的！

多年前，我们为了速度而忽略了质量，为了温饱而忽略了环境，这些年，我们正在往回找。眼前，如果我们为了经济上的金库而忽略了文化上的宝库，今后是一定要补交学费的，是一定会付出比眼前更大的代价的，有些甚至是多大的代价都无以补偿的，要知道，文物是天下第一不可再生的资源，眼前的失之交臂就可能是永远的石沉大海。

总的来说，对于中国文物与艺术品市场的未来，对于中国文物与艺术品收藏业的未来，我们依旧踌躇满志，相信低迷的市场还会风生水起，文物的回流还会踊跃畅达，但是，中国文物与艺术品市场近二十年的几起几落，使一些机构萎靡不振，使一些行家销声匿迹，因此，在这个送旧迎新的时刻，且借用苏东坡的词句，为朋友们、收藏界、中国文物与艺术品市场祈祷：但愿人长久，千里共婵娟。

（《人民日报》2012年12月30日8版，署名本报记者邵建武）

冬咋去 春咋回

—— 关于 2013 年中国文物与艺术品市场

原来,北京冬天最可怕的是强冷空气西来南下。现在,因为雾霾天气越来越多,人们一改往昔心境,时不时地盼望着强冷空气呼啸而来,然后是晴空万里,空气清新……这是 2013 年冬天中国气象的一个写照,也是 2013 年中国文物与艺术品市场的一个写照。

目前回旋于文物与艺术品市场中的强冷空气,似乎是起于 2012 年,其实由来已久;似乎是因为中国经济的整体调整,其实主要源于内部。"回暖"是 2013 年中国文物与艺术品市场的年度关键词,但是,2012 年的那股寒潮依然让人警觉,依然需要讨论。

冰冻三尺非一日之寒

中国文物与艺术品市场自1992年步入复兴期以来，只有短短20余年，但也完整地经历了几个阶段。

1992—1995年是复制期：毫无经验的中国文物与艺术品拍卖市场，翻译沿用了国际上大拍卖行的拍卖规则，借用照搬了他们的展示经验与拍卖流程。开始时，甚至从海外请来拍卖师主槌。1996—2002年是成熟期：这期间，《中华人民共和国拍卖法》颁布，对境内文物与艺术品拍卖起到了规范与保护作用。拍卖市场中，开始有单件拍品成交额超过千万元人民币，季交易额突破10亿元人民币。2003—2011年是起飞期：这期间，中国文物与艺术品市场最高年交易额接近千亿元人民币，单件拍品成交额超过亿元人民币，"亿元俱乐部"由此形成且不时壮大；北京、上海、杭州等地举行的拍卖会上时不时人满为患，中国成为仅次于美国的全球第二大文物与艺术品交易市场；海外中国文物大量回流，在纽约、伦敦、巴黎举行的拍卖会上中国客户身影跃动，引人注目。

其实，在那些槌声大作、纪录频破的时刻，一些人士不时地泼着凉水，提醒市场中踌躇满志的人们，要冷静下来。市场本身也通过多次强势调整来提出警示——2005年中国文物与艺术品秋季拍卖出现了第一次跨越，成交额首次超过百亿，2006年春拍环比下降便接近1/3，但这年秋拍明显反弹。2007年美国次贷危机发生，中国文物与艺术品市场依旧一路高歌，不仅全年同比均有上涨，秋拍更是同比、环比均增长了四成多。2008年秋拍与2009年春拍下降近一半，成交额回落到了70亿元左右。但是，每次调整之后，反弹立即产生，市场依旧裹风挟雨地呼啸向前，从2009年开始，更是连续三年冲高不下，于2011年达到历史性的年成交额900多亿元。

扛过了1997年的亚洲金融危机，扛过了2002—2003年冬春之交的"非典"时期，扛过了2007年的美国次贷危机，扛过了2009年的欧洲债务危机，中国文物与艺术品市场的汞柱最终因为中国经济本身的调整需要应声而降，2012年成交额仅是2011年的一半许。

由此我们不难看出，影响中国文物与艺术品市场势头的因素很多,但决定其起伏的还是中国经济的总体格局与基本趋势。

中国经济大局是怎样影响这区区数百亿的中国文物与艺术品市场的呢?

缺钱吗?不缺!虽然巨大的居民个人储蓄额还较多地为存款取息,因为股市不兴、楼市调控而导致的投资、投机资金却有不少在中国文物与艺术品市场四周,实实在在,虎视眈眈。2013年,因为北京等地的拍卖公司几无推出重器,一些机构与收藏家便外向而行,上海的刘益谦在纽约苏富比用822.9万美元买了苏轼的手札《功甫帖》,广东中山的郑华星在香港苏富比以2.3644亿港元请了《明永乐鎏金铜释迦牟尼佛坐像》(图1),大连的万达集团在纽约佳士得以2816.5万美元买了毕加索的油画《两个小孩》(图2)。

缺人吗?不缺!虽然这两年市场不甚景气,但无论你在北京、上海,还是在香港、纽约、伦敦,无论你是参加春、秋两季大拍,还是一月一次甚至一周一次的小拍,还是全球任何一个古玩市场,甚至跳蚤市场,只要其中可能有中国文物与艺术品，你都能在现场听到有人讲中文，都能见到陌生的中国人。以海外拍卖行高管的话来说，"总有新的客户加入，而这些新客户大多来自中国内地"。在每一次的市场调整期，大多是由新人进入掀起新一轮涨潮的，此所谓逢低入市。

缺物吗？不缺！之所以如此，就在于中华民族有着不曾中断的悠久历史，就在于中华民族有着不曾下降的创造能力，就在于中华民族有着不曾衰减的审美欲望，就在于中华民族有着不曾放弃的好奇心、包容性与借鉴力，中华古物博大精深，浩瀚无比。同时，中华民族也代有不肖子孙，在正人君子承续光大传统的时候，他们却为了一己之利而仿制着、伪造着，自遥远的汉代以至如今，赝品不乏。这些年，随着中国人收藏热情的不断澎湃，因为各种原因离境的中国文物与艺术品已经踏上了回乡之路，开始自然是赝品与低品质的居多，但是，只要你不被这滩边的浊水淹没或呛着，你就可能在未来击水中流，在碧水蓝天间扬帆。

缺需求吗？不缺！中国曾经百余年由内外原因导致

图1 香港苏富比2013年秋拍中,《明永乐鎏金铜释迦牟尼佛坐像》以2.3644亿港元、约1.86亿元人民币成交,刷新中国雕塑世界拍卖纪录。巨资请回佛像,大都是为了供奉,此像恭请者在事后接受记者采访时,亦作如是表态

战乱与动乱，新中国的成立，给了人们安全感；改革开放 30 余年，人们的物质生活水平有了明显改善。中华民族又一次意气风发，有了重振文脉的需求与能力，中国文物与艺术品市场从而有了源源不断的动力。

缺信心吗？真缺！中国文物与艺术品市场在 2012 年大幅下滑，大体可以归因于中国经济整体调整的需求，或者说，上述几个方面的"不缺"在信心缺乏的情况下，如同一个人缺了点精气神，一下子变得有些无精打采。

人们常说，中国文物与艺术品市场年成交额最高也只有区区 900 多亿，而中国的股市一天的成交额是数以千亿，但是，人们不知道的是，进入中国文物与艺术品市场的资金变现能力远不及股市资金，更何况，文物与艺术品有着无尽的魅力，一旦得手，便难舍难分，而股票只是一个在电脑上跳来跳去的数字。所以，此钱非彼钱。

行情好孬不管，目前的中国文物与艺术品拍卖市场还总是人头攒动，但是，是参与的人多，还是看热闹的人多，情形便有天壤之别。即便是那些天价成交的物件，也只是少数几家喜欢、参与竞投，这三两家来否、举牌否，

图 2 毕加索的油画作品《两个小孩》在 2013 年 11 月 4 日纽约佳士得秋拍上以 2816.5 万美元、约 1.72 亿元人民币成交。竞投者为大连万达集团，作为其进军美国艺术市场的一步棋，其广告效应是明显的

对于成交价的高低是有决定作用的。所以,此人非彼人。

真正明显的,是拍品难求,这在 2013 年中国文物与艺术品市场上体现得很充分,仅以亿元纪录为例,在内地拍卖市场,2013 年只有 1 件拍品过亿,2012 年有 5 件,2011 年有 26 件,2010 年有 20 件。行情不好时,收藏者不愿提供好东西,大的拍卖公司也不会积极地征集重器,免得声誉与效益同时受影响。没有好行情,就不会有多少好东西,此物非彼物。

这么些年来,中国文物与艺术品市场依托中国经济的腾飞而腾飞,也会随着调整而调整,却难以在短时间内昂扬,曾经被信心满满掩盖的那些问题,曾经被喜悦阵阵冲淡了的那些问题,曾经因为泡沫膨胀而被忽略的那些问题,也包括那些不是问题的问题便一股脑儿地浮出来了。冰冻三尺非一日之寒,业界人士理应有清醒的认识,有从头再来的决心与努力。

积重之返首当夯实基础

进入 2013 年,中国文物与艺术品市场似乎有了些起色，北京保利2013年成交额78.8亿元，较之前年的60.8亿元，增长了29.6%；中国嘉德2013年成交额65.46亿元，较之前年的51.62亿元，增长了26.8%；其他拍卖公司亦有不同程度的增长，"回暖"之说似乎成立。但是，据全国拍卖行业管理信息系统显示，2013年1月至11月全国拍卖行业累计实现拍卖成交额5620.5亿元，同比增长29.6%，其中文物艺术品拍卖成交225.6亿元，同比增长只有6%。

由此，我们心生疑窦，2013年回来的些许暖意是来自于痛定思痛的反省、反省后的沉淀、沉淀后的涌动，还是从业机构与人员的求生欲望所为，抑或文物与艺术品市场本身的规律使然？

亿元拍品难得一见了，但是人们不时耳闻："好东西卖了好价钱。"除了海外，2013年中国文物与艺术品市场中，与前几年个人作品与行业成交纪录频频告破的局面相比，2013年各大拍卖公司的现场确实冷清了不少，津津乐道的话题确实没有几个，但是，有些作品的表现却是让人刮目相看：一些一线艺术家如徐悲鸿、傅抱石等人的小品，估价不高，竞投很活跃，最终的成交价也不低；一些二线艺术家如关良、黄君璧、刘旦宅等人的作品，因为精到而获得追捧；华裔画家赵无极的作品价格去年获得了整体的攀升，成为最耀眼的明星。之所以如此，有几个主要原因，一是大家的审美追求开始多元化了，古典风格、写实画派不再因为"看得懂"而独占鳌头；二是海外画廊多年为此进行的学术与市场策动得到了认可，大家开始借鉴美术史的评判来确定自己的投资与收藏方向，人云亦云、莽撞行事的现象少了些；三是新进场力量使然，每当市场大幅回落，总有一批新人在低端价位方面开始起步，这在中国文物与艺术品市场上已经是屡见不鲜了。更为可喜的是，中国古代书画板块似乎有了明显的起动，这说明中国美术史家的努力得以体现，或者说收藏者对于历史的学习与研究跨上了台阶，因为，中国古代书画是一个起点高、难度大、要求多的领域。它的起动说明中国文物与艺术品市场中学术的力量得以加强，市场分工的细化正是学术研究深入的体现。当然，市场之学术研究还是远远不够的，这主要表现在评定标准的世俗倾向依然故我。

专场拍卖增加，似乎是各个拍卖公司不约而同的努力，这其中有重量级专场、收藏家专场、主题性专场三大类。重量级专场也就是几家大拍卖公司的夜场，一些重量级拍品集中在头两天的晚上进行，成交量与新闻性主要在其中产生，总的效果是不错的，但是有的拍卖公司天天有夜场，不仅让人疲于奔命，而且也难以做到名符其实。夜场的水平明显下滑也是市场下滑的标志之一。去年的收藏家专题中有中国嘉德的王世襄收藏专场、北京华辰的陈之佛收藏专场等，因为老一辈收藏家的学养与人品具有号召力，市场的反响自然持续而又强烈。由此，我们可以体会到关于收藏的历史信息——品位也是生产力。去年的主题性专场中有北京保利的"天马无疆——悲鸿神骏专场"、文津阁拍卖公司的"宣和鉴目笔底龙蛇——中国古代书画鉴定组五老作品"等，前者应对了今年农历马年，后者则集中了几位广有人脉的老一辈鉴定家的墨迹，从而效果很好。但是，在那些林林总总的专场中，人们也感觉到了力不从心，一些收藏家专场差强人意,有的是这些年活跃的某些行家的物品,良莠不齐,根本未及收藏家高度;有的是几个人物的作品拼凑成一个专场,煞有介事地取了个文雅的堂号。这种纯粹的市场行为、并不高超的小伎俩,寄寓在一个高雅的名分下,以利推销,短时间内可能奏效,几次下来便被人识破而恝难从命了。

一般而言,文物与艺术品拍卖市场有一个规律,即3至5年一波小行情,5至8年一波大行情,但是,行情如何来临?行情重点何在?行情走势怎样?却是难以把握的,也不会是如春光般人人有份,所以,从业者应当进一步练内功、找差距、想办法,特别要在人员素质与企业文化上下力气。其重心当是德行。

虽然好者甚夥,但收藏到底也只是小众的事业,历朝历代真正称得上收藏家的,是极少数人,所以,在人来人往的拍卖会上,大家大多是过客,留下来的是文物与艺术品、是沉静的心灵与清朗的文脉,不顾一切地逐利而为,难免浮躁,浮躁如浮云,过眼即去。在博大精深的传统文化面前,虚怀若谷才能如沐春风。

虽然买卖的是文物与艺术品，大家干的是同一件事情，但是，从业者的才华高低往往决定着事情的成败与格局的大小。红尘滚滚多为利来，无可厚非，但是，能不能在逐利的时候更高明些，多一点文化的追求？岁月匆匆多为事往，难以自持，但是，能不能在忙乱之余抽身自省，让个性鲜明些？鲜明的个性往往意味着专业更深入，中国拍卖界要力戒平庸。

如何在拍品的征集中，有犀利的眼光？如何在拍品的介绍中，有独特的角度？除了学养，还是学养。中国文物与艺术品市场的从业者、参与者，也包括现在的旁观者，都面临一个读史补课的要求。这些年来，中国文物与艺术品市场中出现的所有笑话、所有的偏差与缺憾，都可以追索到大家的知史不足。知史不足，便有了随波逐流，便有了自以为是，便有了夸夸其谈，便有了吃亏上当、血本无归的结局，便有了贻笑大方而不自知。中国文物与艺术品市场有买卖不完的东西，更有读不完的书、想不完的事。

缠绕中国文物与艺术品市场的德行问题主要有三

个,一是赝品丛生问题(卖家),一是拖延付款问题(买家),一是中介做局问题(拍卖公司)。过去一年,在许多拍卖现场,总能若隐若现地看到拍卖公司与卖家联手做局,最少是听任卖家在现场多手哄抬物价。这一方面是因为市道不好、好货难找所致,另一方面也是拍卖公司没有原则所为。在中国文物与艺术品市场,企业的德行远比个人的德行更为人们怀疑,也更需要大家重视。中介机构德行的提高,既需要机构本身由内向外的修养,也需要社会由外向内的监督。积重之返,要靠大家进一步夯实基础,这需要个人、企业与社会监管形成合力,否则,中国文物与艺术品市场还会付出高昂的代价。

2013年的中国文物与艺术品市场上有轻弱的阳光飘洒着,有几丝暖意飘荡着,有几株寒梅开放着,给人些许慰藉、些许希望。然而,从长治久安计,从业者还是要努力耕耘,否则,冬咋去、春咋回呢?

(《人民日报》2014年1月12日第12版,署名本报记者邵建武)

静夜且徘徊

——2014年中国文物与艺术品春拍观感

中国文物与艺术品2014年春季拍卖仍在各地举行着。从人丁不旺的预展与难见波澜的拍卖，基本可以确定其关键词是"不温不火"。

上也难，下也难

经过2012年的强势调整、2013年的温和调理，2014年的中国文物与艺术品拍卖是承载着有关机构与人士的盼望的，但是，从多数拍卖公司提供的"量价齐减"的拍品便可发现，这"盼望"其实是谨慎的。香港苏富比有明成化斗彩鸡缸杯、中国嘉德有作家老舍的旧藏、北京华辰有明清单色釉官窑瓷器、香港佳士得有宋代器物、北京保利有油画力作、北京匡时有吕斯百藏品系列……这些文物与艺术品也在市场上获得了积极的响应，但是，这几块石头抛出来，只有几声水响，并没有掀起波涛。

天价者寥寥，中价者不多，低价者则浩浩荡荡，所以，在各大拍卖公司的预展现场走一走，在它们的拍卖会上坐一坐，不难体会到那发自骨子里的凉意。

问题是，前几年发热的只是大家的皮肉，而与大家的头脑无关吗？怎么说凉就凉了呢？！答案虽然不能直接地以然否来形成，但我们可以说，中国文物与艺术品市场之所以如此容易说感冒就感冒、说发烧就发烧，就在于本身的肌体比较单薄，外来的邪气容易侵入，内在的胎毒容易复发。

当中国经济总量达到了世界第二时，中国人关于经济的思想并没有多少自主的结晶，这在中国文物与艺术品市场中体现得也比较充分。在这个市场中，许多人是靠耳朵来决定买不买、买什么、怎么买的。他们听谁的？

图1 在香港苏富比春拍中,"北宋定窑大碗"被一位日本藏家以 1.4680 亿元竞得,为宋代瓷器拍卖的世界第二高纪录

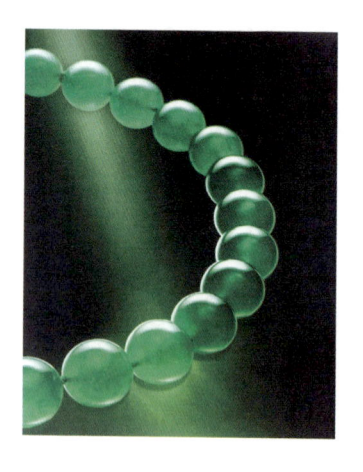

图2 天然翡翠项链——来自传奇名媛芭芭拉·赫顿,1988 年拍得 200 万美元——当时全球翡翠首饰的最高拍卖成交价;在 2014 年香港苏富比春拍中,再次以 2.14 亿港元刷新翡翠首饰的世界拍卖纪录

听媒体的，听中介的，听同行的，听专家的，而这些在宏观上永远立于不败之地的机构与人士，在具体物件的然否上经常是让人捉摸不透，甚至是靠不住的。

媒体只是一个通道，传递各方面的信息，其本身没有多少能力来过滤各方面的信息。对于那些市场人士老谋深算的策划与安排，媒体事先没有能力防备，事后也不会承担责任。

中介，主要是拍卖公司主管们，是物件的经手人。他们希望征集到的东西能卖好，自然是货找四方客，和谁说的都是悄悄话，但听者可是众多，机密不是机密，哥们儿不够哥们儿，久而久之，许多人便无所适从了。

同在江湖的收藏家、古董商，如果与谈论的文物与艺术品无关，其言语可能得当在理；如果与自己利益相关，谁又会和盘托出呢？！所以，在中国文物与艺术品市场中，不时有事先"抹黑"、事后"打枪"的情况发生。这些手段是有些收藏家、古董商的常用伎俩。

专家，在市场中拨拉自己小算盘的专家们，说得正确的是那些关于文物与艺术品的知识，是那些与己无关

图3 常玉油画《聚瑞盈馨》——这件作品在2014年香港苏富比春季拍卖中，以8076万港元成交，创艺术家单件作品第二高价。和之可以媲美的是台北历史博物馆收藏的常玉油画

的关于历史与市场的掌故，是那些国家的相关法律与规定。但是，如果涉及自己的生意，专家们会言不由衷、含含糊糊的。面对着利益，学识常常是残缺不全的，批评常常是缺席的。

其实，媒体的不靠谱、中介的不得力、同行的不仗义与专家的不专业都是情有可原的，关键在于中国文物与艺术品市场中的这许多参与者肚子里空空如也、骨子里空空如也。空穴自然多风，风多自然生凉。

翻阅已经完成的拍卖公司成交记录与正在拍卖的拍卖公司图录，虽然冷热不均，但差距不大；虽然参差不齐，但也比较接近。至少，各家公司的状态不及几年前的生龙活虎，和去年的步步为营类似，这一方面体现了各个公司的心态与状态，另一方面也是人们对于市场的预估状态。2014年中国文物与艺术品春季拍卖不可能是"回暖之战"，但也不会像2012年一样，又是一次滑铁卢，中国文物与艺术品市场已然见底。

外部的因素决定了它难以走向深渊。在中国，已经没有比中国文物与艺术品更令人神往、更利于操作的市

图4 启功乙亥年（1995年）作行书《嵩山少林寺一千五百周年征题》——在北京华辰2014年春季拍卖中，这件作品以80.5万元人民币成交

场了，房地产市场不如它，股市更是难以与之同日而语。

内部的因素也决定了它难以走向深渊。据说，在香港，新近注册的中国文物与艺术品拍卖公司数以百家。而在内地，京沪两地的各大拍卖公司成交额大多有所收缩，但成交率没有下降，拍卖照常进行，影响依然巨大。无论如何，我们有理由相信，中国文物与艺术品拍卖的未来依然鼓荡人心。

在拍卖市场，老面孔不少见，虽然他们大多改以电话委托的方式进行着交易。新面孔则更多，特别是在香港两家国际性大公司的现场，来自内地的新手们，在低价位区域大举进攻。是什么原因促使又一批新手入场，且如此悍然？

苏富比与佳士得有着悠久的历史，积累了广泛的人脉与货源，且在学术上有着一定的研究能力，从而能够获得大家的重视与认同，或者说，在然否的天平上，大家的心理重心容易跟随着倾向于正面，因此，在这两家公司的拍卖现场，常有当事惊愕、事后释然的情况发生，也即一些难以把握且无依据的，或来历不清晰的古董与艺术品也顺利成交。因为，有一些人相信甚至迷信这两家公司，认为这两家公司的一次拍卖是拍品的一次可靠著录。所谓流传有序，被过分重视著录的当代人演变成如此，这不仅令人尴尬，而且一定会有后患，但目前无可奈何。

多斟酌，且反省

就目前的情况而言，指望外部环境的明显改善，从而引发新的一轮大行情，似乎是不可能的。从正在进行的 2014 年春拍看，中国文物与艺术品市场依旧在底部运行，似乎是难以改变的事实。

一个市场，无论成熟与否，超然一些来看，一定会是波浪式前行的，中国文物与艺术品市场亦然。目前，虽说距离从前的高峰有些遥远，但一定是未来的一个底部。对于一个需要理性、需要积累、需要成熟的市场来说，对于一个以文化为标志、为内涵、为终极目的的市场来说，在底部多盘桓些时日、多做些推敲，其实是十分必要的。从这些年的情况看，对于拍卖市场的信息收集、整理、分析、研究并透明化，似乎是重中之重。

一般而言，市场的主体是两家，即卖家、买家，而在拍卖市场，多了一个中介，即拍卖公司。因为这个中介的连通、延缓甚至阻隔，拍卖市场中的信息便比其他市场来得丰富、复杂，有些深不可测，有些混沌难开，有些摇摆难定。造成如此情况的因素很多，突出的因素莫过于信息本身的不完整、不正确、不准确，这些问题在各大拍卖公司提供的拍卖图录中，可是不少见。

一件文物或艺术品来自何方，拍卖公司是知道的，有时语焉不详是为需要保密的卖家保密，但多数情况下，特别是那些有着明确上款的作品，也出现了指鹿为马、张冠李戴、闪烁其词的现象，说明拍卖公司的信息收集工作不充分，资料的核对不细致，作品背景的研究不透彻。

一件文物或艺术品曾经在市场上出现过，有过成交记录，但在后来的拍卖图录中，几乎都不标明过往成交记录，非让人颇费周折地查找。如果说去年买的今年卖，显得饥不择食，有些不好意思，但既然上拍了，又何必不把底交清呢？大家都是明白人，找东西的苦楚大家也是理解的，故意地回避，除了让人烦，除了遭人怨，别无他果。

一件文物或艺术品曾经在另一家拍卖公司出现过，因为彼此是竞争对手，故在图录中，出现了含含糊糊的"在北京"或"在香港"拍卖的记录。"在香港"好办，大公司只有两家。"在北京"有些麻烦，因为北京有上百家拍卖公司，知名的也有十多家。一般而言，对于买家来说，手头的资料不全，是不会贸然出手的。知道的资料也不提供，影响别人下决心，也会影响自己的生意。

总的来说，这些不足拍卖公司是知道的，之所以知错不改，一方面是大家的认识不整齐，一些拍卖公司还停留在低水平的"匆忙上阵"，几无余力去把这方面的服务做好；另一方面则是那些大拍卖公司，可能是故意而为之。

有的无力为之，有的无心为之，有的听其自然，有的则是想浑水摸鱼，如是，中国文物与艺术品市场时不时地让人沮丧。

那些热心"寻宝鉴宝"的媒体是不是在着力吸引眼球的时候,也要注意保护那些热切的眼睛呢?那些热心"找宝拍宝"的拍卖公司是不是在着力推销自己的节目时,也要注意保护那些热切的心情呢?那些热心"卖宝获利"的卖方是不是在想法掏别人钱口袋时,也要想到自己作为买方时的被动与无助呢?特别是那些刚刚进入这一行的新生力量,不要着急忙慌,不要头脑发热,不要听人摆布。进这一行的大多是明白人,但是,进了这一行还能坚持做一个明白人是不容易的,这需要保持警醒不断学习。

眼前的中国文物与艺术品市场,上也上不去,下也下不来,有关部门、有关机构、有关人士是不是可以在这个上下为难的境地中,在这个可能的历史性底部,多斟酌,且反省,加强研究,加强管理……让我们大家在这个可能不多的月色朦胧中踱步、盘桓。

(《人民日报》2014年6月8日 第12版,署名本报记者邵建武)

平和又一年

——关于 2014 年中国文物与艺术品市场

2015 年过去近一季，2014 年中国文物与艺术品市场的数据才刚刚出台，相关机构、人士虽然付出了许多的心血汗水，但是，回头望去：平和又一年。

这平和是市场行情的平平淡淡。

这平和是行业状态的平平常常。

平平淡淡也是真

2014 年中国文物与艺术品市场虽然有些平淡，但也不乏新气象，譬如：有钱任性走天涯。

去年 4 月 8 日，上海收藏家刘益谦夫妇在香港苏富比春季拍卖会中，以2.81亿余港元竞投得明"成化斗彩鸡缸杯"（图1），刷新中国瓷器世界拍卖纪录。同年11月26日，在香港佳士得秋季拍卖会上，他们又以3.48亿港元，竞投得目前最贵的一件中国唐卡（图2）。2014年11月4日，北京华谊兄弟公司董事长王中军通过电话委托，在纽约苏富比秋季拍卖夜场中，以6176.5万美元竞投得荷兰画家凡·高的油画《静物，插满雏菊和罂粟花的花瓶》（图3），这是目前已知中国大陆收藏者在国际文物与艺术品市场上的最大一笔交易。

为什么中国收藏者在境外收藏高价中国文物？

为什么中国收藏者在境外收藏高价外国油画？

为什么中国文物与艺术品市场不如境外市场此起彼伏？

关于中国经济增速放缓的讨论、关于世界经济形势不容乐观的讨论、关于中国房地产不甚景气的讨论、关于中国边疆领土与领海及其物产所有权的讨论等等，影响了中国文物与艺术品市场的进一步高歌猛进，也可能使其在短时间内难以云开雾散。委顿了多年的中国股市

图 1 明成化斗彩鸡缸杯。刘益谦在香港苏富比办理交接手续时,用这只鸡缸杯喝了茶。据说,日本收藏家坂本五郎当年出让这只鸡缸杯时,曾用它喝了酒

在去冬今春展开的牛市行情,又使中国文物与艺术品市场既缺少资金,也缺少关注。没有大资金,便没有大行情,便没有大热点,便没有大新闻,便没有大拍品……所以,中国文物与艺术品市场难免平淡无奇。

曾经的妄自称大与闭关锁国,致使外国艺术品收藏成为中国收藏界的短板。就收藏而言,无论从学术研究来说,还是从投资来考量,收藏海外特别是西方艺术品我们都有很长的路要走。

2014年,苏富比拍卖公司年度成交额共计60亿美元,同比增长18%,创其历史新高;佳士得拍卖公司全球成交总额达51亿英镑,较2013年增长12%,创其有史以来最高纪录;中国文物与艺术品市场的年度成交总额为307.6亿元人民币,与2013年基本持平,调整依然。

这内外市场的冷热反差并不惊人,苏富比与佳士得并不是单纯的文物与艺术品拍卖公司,他们还从事不动产的拍卖,而我们的公司多数是单纯的文物与艺术品拍卖公司;苏富比与佳士得的市场是全球市场,而我们的市场是局部市场;苏富比与佳士得历史悠久、资源广泛,

图2 明永乐御制红阎摩敌刺绣唐卡。唐卡是藏传佛教中的一种特殊艺术表现形式。此件唐卡20世纪40年代流出，多次在拍卖市场出现

而我们的公司只有区区20余年历史，资源所及也就是大中华地区与华人之间。从这些情况说，中国大陆文物与艺术品这两年的平平淡淡倒是一种真实，或者说它也体现了中国大陆文物与艺术品市场从业机构在资源、管理与开发能力以及有关人员在素质、才情与人脉方面的真实，因此，我们可以说，中国文物与艺术品市场自2003年以来的突破上扬是多年积累能量的一种爆发，当这种爆发已然释放了原来储蓄或压抑的能量后，接之而来的必然是一种平和的状态与一段平和的时期。更何况，中国经济增速从高速向中高速的转变正在其时。

由是，我们可以根据海外文物与艺术品市场以及近20余年中国文物与艺术品市场的历程来推断未来行情，如果中国文物与艺术品市场真的如人们所预想的每5—8年有一个较大的行情，可能出现再创新高的局面，也还是会有一个个的平淡行情接踵而至，毕竟，关于中国文物与艺术品市场的法律、学术、艺术、心理、伦理及社会学准备依旧不足。遗憾的是，多年来，中国文物与艺术品市场一直在强光灯下，被广泛关注，被过度关注，被言过其实地期盼着。

平平常常才久远

人们在回顾20世纪国际文物与艺术品市场时，常常说：股票、房产、文物与艺术品三大投资方式，其中最保险、最有成效的是文物与艺术品投资，年平均利润达5%。就一个世纪而言，文物与艺术品年投资平均利润超过5%，已经很高了。

史无前例的30余年改革开放，给中国社会带来了无限的商机，创造了巨额的财富，也扩大了人们的胃口与欲望。现在，无论哪一行，5%的年平均利润是没有多少号召力的，所以，大家都把拍卖利润焦点投射在那些真实发生的神话演绎上，讲述着那些动人的故事与铁板钉钉的利润，展开着那些必然因素，而其背后的那些偶然因素、那些纠结与曲折，特别是那些失败的案例，却被忽略不计，甚至被有意遮盖。

当一件作品把政治、学术、艺术、民俗、民间、商业诸因素聚集于一身时，就是神品，就可能一而再、再而三地创造奇迹。不过，如此神品可谓凤毛麟角，摆在我们面前的、比比皆是的、让人打不起精神的则是那些历史上流传下来的一般性文物、被当代艺术家不时重复的一般性作品。

这些"一般性"文物与艺术品在数量上是目前中国文物与艺术品市场的主体，是进入寻常百姓家的主力，自然，它们也因此而占用了本来不算充盈的收藏资金。影响中国文物与艺术品市场未来发展的瓶颈之一，是这种"以次充好"现象的不被重视。之所以如此，原因很多，但重要的莫过于进入这行的机构与人们，似乎大多有一个理想：成为收藏家，进而建立博物馆。他们把精力、财力几乎都投放在藏品数量的增加上，而罔顾藏品的特点与质量。

中国需要出现大量的收藏家，但是，收藏家并非人人可为的角色。

中国需要建立更多的博物馆，但是，博物馆并非说干就能干的事业。

一家博物馆的收藏如何是重要的，接着而来的有关

图3　美国当地时间2014年11月4日晚,在纽约苏富比印象派及现代艺术晚间拍卖会上,凡·高油画《静物,插满雏菊和罂粟花的花瓶》以5500万美元落槌,加上佣金拍价合计为6176.5万美元(约人民币3.77亿元)。竞投人为华谊兄弟公司董事长王中军

藏品的整理、研究与衍生产品开发似乎更重要。这些都需要深入的推敲与高超的智慧，还需要国家与社会必要的监管制度与力度，更需要从业者一种持之以恒的精神与态度。

2014年中国文物与艺术品市场因为外部环境的不尽理想，一些拍卖公司也颇费脑汁，开设了数十场各种各样的学术讲座。在高价位作品成交不理想的情况下，一些公司把眼光投射到成本低廉的年轻艺术学子作品上，"学院新水墨"等青年艺术家板块、专场不绝于市。更有敏锐人士，发现了微信的力量，开始了以微信为平台的拍卖，甚至有朋友圈拍卖会等。相关的努力虽然没换来多大的动静与多么喜人的利润，但是，由此营造的学术气氛有可能助力中国文物与艺术品市场健步前行。

在2014年中国文物与艺术品市场中还有两件大事值得记载于史。其一，关于刘益谦收藏的宋代苏东坡《功甫帖》真伪的讨论；其二，商或西周早期青铜器皿天全方罍（图4）入藏湖南省博物馆。

由《功甫帖》真伪引起的讨论、辩论、诉讼延续数月，

图 4　商或西周早期青铜器皿天全方罍。湖南省博物馆在各方人士支持下，以 2000 万美元将其器身收藏，和其原藏之盖"身首合一"

牵动了文博界、收藏界、拍卖界，至今没有定论。自从国家文物鉴定委员会书画组几位老人相继去世以后，关于中国古代书画的鉴定似乎步入了蛮荒时代。所以，关于《功甫帖》的讨论最终当归结为从上到下应努力于相关学术的基本建设——从具体作品开始，从人才储备开始，否则，中国文物与艺术品鉴定永远是糊涂账、烂泥潭。

商或西周早期青铜器皿天全方罍首先出现在前年香港佳士得秋季拍卖会预展现场，闻讯观摩的几位湖南籍人士事后即向家乡有关方面建议，让身首分离的这件青铜重器重聚出土地。几个月后，经各方人士努力，湖南省博物馆以2000万美元洽购回这件即将于纽约佳士得拍卖的青铜器。相比多年前的圆明园兽首回归，这件青铜器的回归不仅少花了不少钱，也体现了收藏界人士爱国爱家乡的人文情怀，更展现了其中应有的学术力量。

由《功甫帖》真伪鉴定展开的学术论争，由皿天全方罍私洽回归体现的学术把握市场，都体现了一种市场的成熟——大家都应以正常的心态、严肃的态度面对可能出现的纷争,并把握事态的变化。

中国文物与艺术品市场的参与者一定要争取事先做足功课,事中把住情绪,事后深入研究。充分的准备要有平和的心情,临事时沉稳要有平和的心情,事后的枯灯夜坐要有平和的心情。2014年中国文物与艺术品市场是平淡之年,也是平安之年,如果大家通过市场的不断洗礼,营造一种平和的气氛,保持一种平常的心态,对于需要保护、需要考量、需要投入的千古物件与艺术品来说,似乎更贴切、更充分、更有益。

(《人民日报》2015年3月29日第12版,署名本报记者邵建武)

龙蛇影外　风雨声中

——从香港苏富比 2015 年春季拍卖谈起

因为少数香港人"优越性"膨胀导致的服务傲慢再现,因为一系列针对大陆游客的不礼貌事件发生,2015年香港的春天虽然没有什么倒春寒,其市场却是有些久违了的冷落。在香港苏富比 2015 年春季拍卖预展现场,也有这个感觉。

原来宽敞的展厅明显局促了,听说是苏富比纽约与伦敦公司的东西也来凑堆招商了。中国客人依然受重视,但拍卖公司的经营成本已然紧缩了。

熟悉的大陆同胞面孔明显少见了,特别是那些从事中国传统书画收藏与经营的人们少见了,在展厅中握手

图1 张大千《拟唐人秋郊揽辔图》。因为所有权之争,这件作品曾于两年前撤拍,这次估价1000万—1500万港元,最后以5116万港元成交,为中国近现代书画板块中的最高价。好作品好价钱,此说什么时候都成立

叙旧的大多是港澳台的老朋友。

不见了气宇轩昂的官家们指点与作风泼辣的夫人们划拉,大陆反腐风潮让一些人消失了,由此而产生的傻博现象应当随之消退。

不过,进入拍卖,在槌起槌落间,感觉则不一样,收获也不一样,充实得多,充分得多。

虎踞龙盘蛇起舞

在香港苏富比2015年春季拍卖之前,有香港巴塞尔博览会;同时举行的有中国大陆拍卖公司中国嘉德与北京保利的香港公司拍卖会,后者且是所谓成立十周年的纪念拍卖会;5月底、6月初还有香港佳士得的春季大拍,其中一些重要拍品正在提前展览;更令人关注的是,预估价为1.2亿美元的毕加索油画《阿尔及尔的女人》(O版)也在佳士得香港公司所在的栃山大厦展出。

中国嘉德与北京保利在香港组建公司、按时举行拍卖虽说是熟门熟路,但还是疏影横斜水清浅,一些关节点有待推敲,有待磨炼,有待巩固。香港佳士得与香港苏富比的秩序井然且不断推进则是国际间两大拍卖公司相持的继续、竞争的继续、分享的继续。这两家百年老店虎踞龙盘的态势构成了国际古董与艺术品市场的一道夺目的风景，不时地引导我们关注。

百年老店积累下雄厚的家底，这家底首先是其在收藏界的亲和力。人与人之间打交道，其实是很难的，特别是在战场般的商场。苏富比与佳士得能够在百年运行中，与几代收藏界人士建立联系，甚至是互相信任的几代友谊，据我的体会，并不是他们如何的周到，而是重视。这重视虽然来自他们对于文物与艺术品的重视，但是，对于收藏者及其藏品的重视几乎是不可分的。因此，许多收藏者及其后代愿意委托其藏品的终身于他们，有时甚至根据他们的建议而耐心地等待，等待时机，等待发现，等待最大的收益。在苏富比与佳士得的拍卖图录中，许多拍品有着明确的来历，且十分分散，而在大陆许多公司的图录中，经常可以看到一些挂堂号、斋号的拍品，细究之却是无厘头。经过许多年的"政治运动"与"文化大革命"，从反传统到非传统再到没传统，大陆已经没有多少家庭保持着家族文化血脉，所以，大陆这些以堂号、斋号命名的专场拍卖，不少是某个或某几个行家为是次拍卖做的一个"文化局"，不值得信任。如是，大陆拍卖公司的人脉关系主要体现在与行家的合作上，而不是着力在为收藏家的服务与沟通上。如此人脉，何以悠远？！

百年老店拥有着过人的实力，这实力首先是穿透时空的观察力。在香港苏富比的春季拍卖中，有几件吴冠中的作品，为此，香港苏富比请一位音乐家为这些作品跨界作曲，用的是中国传统的音乐语言。本来，吴冠中因为笔墨问题，一直为中国画界不以为然，所以，香港苏富比此举可以说是为彼此之争、不和、不屑圆了一个场。或者说，此举强调了吴冠中作品中那些东方元素，从而为吴冠中的评价增加了砝码。也因此，香港苏富比此举较多的不是体现为一种新的商业推销，而是一种学术贡献。这种努力在苏富比与佳士得的重要拍品运作时常见，在其一般拍品的寻找与介绍中也不乏精彩例证。所以，这两年，这两大家的中国书画板块中虽然缺乏重器，却也形成千舟竞发之势。这说明，他们对于拍品的把握重点不是对象的时尚元素,而是经过沉淀后的历史抓手。这抓手能使巨作磅礴而出,也能使小品清香不绝。翻看大陆公司的拍卖图录,学术性内容最多的是中国油画与雕塑,包括当代艺术部分,其中不乏当代著名美术理论家、评论家的专论,殊不知,这些专论中有相当一部分是理论家们应作者力邀而为的。那"力邀"是由谦恭的态度与丰厚的润笔构成的。这与拍品相携而出的推荐是否经得起历史的检验呢?只有历史知道。关键是收藏者、投资人能够持币等待吗?!

百年老店体现出持久的魅力,这魅力首先是对于市场走向的引导力。卖家、买家、拍卖公司三者之间的关系不是静态的,但是,在生意场中,如何处理三者的关系却有一定之规,这规矩应当说是作为中介的拍卖公司首先必须对买卖双方负责。这种责任心的体现首先是对于市场的必然性引导,而不是误导。问题是,什么是必然性呢?浅层次来说,是赢利的可能性;中层次来说,是学术的稳定性;深层次来说,则是艺术的永恒性。前些年,参与中国文物与艺术品市场中的人士与机构大多是根据相关拍品的有无著录、著录权威与否来行事的。到如今，此类拍品越来越少了，因此，大家不约而同地依赖着对于大公司的信任，苏富比与佳士得自然是高高在上，因此而功不可没。在大陆许多公司的拍卖图录中，这两家公司的著录可以说是随处可见，因此，其著录可以说是赢利的基本保证之一，也有着一定学术水准与艺术品位。但是，中国香港人、英国人、美国人对于中国内地文物的认识是有着较多的时空局限的，所以，在起步阶段，他们的著录是可以依靠的，但是深入下去，其不足是存在的，有时甚至是可怕的。譬如说，在苏富比此次春拍中有一方"清康熙（印钮）/雍正（印面）雍正帝御宝白玉九螭钮方玺'雍正御笔之宝'"。经故宫专家鉴定，为清雍正帝印玺之一。这件宝玺如何离开中国的，故宫专家的文章没有提及，拍卖公司的中文说明也是罕见的简约。依常理推论，这方宝玺应当是当年英法联军或八国联军在北京抢掠的，应当属"战争掠夺物"，应当在中国政府依法追索之列。香港苏富比可以拍卖，但我们一定要心知肚明，绝对不能为虎作伥，贪图利益

图2 吴冠中《红梅》。在苏富比现当代亚洲艺术夜场中,吴冠中的6件20世纪70—90年代作品全数成交。《红梅》以6684万港元成交,成为当晚最高价拍品。以往,吴冠中这类比较规矩的油画作品一般在千万元左右成交,这次,可以说是一个新动向

而失大节。故建议大陆的专家们不要再做这类不讲是非的鉴定。关于文物的鉴定既关乎学术,也关乎气节。

百年老店建立了基本的标准,这标准保证其生存与发展,也影响着行业的生存与发展。在苏富比与佳士得的图录与公司介绍中,可以看到、体会到这两家百年老店的店规及其企业文化精神。通过模仿、借鉴、改造运用,这些已经成为全球拍卖业的生存与发展法则。但是,无论是这两家百年老店,还是后起之秀,除了制定店规、体现企业文化精神,还应当把这些立身之本坚持下来,贯穿始终,因为这些店规与企业文化精神所依据的是人类良知。近二十年来,大陆拍卖公司向苏富比与佳士得学习,甚至是依样画葫芦似的,大陆的文物与艺术品拍卖有了较大发展。苏富比、佳士得也从中国的发展获得了文物与艺术品拍卖业务的巨大动力与商机,但是,香港苏富比与佳士得的某种动摇性也是显而易见的:一些人士与机构在香港苏富比与佳士得的拍卖中肆意炒作某些艺术家而被视而不见。本来,炒作是商业活动中的常见动作,艺术市场亦不例外,但是,苏富比、佳士得是百年老店，是全球行业的龙头老大，是众目睽睽的标杆，对于那些缺乏美术研究基础、缺乏公众认可基础的艺术家及其作品，如果不是因为历史的重新发现，理应从严把关，更不能听之任之。在文物与艺术品市场可以容忍炒作，但不能容忍恶意炒作。在拍卖现场，槌声而下、京骂而起的尴尬令人难忘，令人不堪。

虎踞何伟岸，龙盘何沉雄，如果从高踞的老虎身后、从雄盘的大龙之侧时不时窜出一条几条小蛇，这是不是有些大煞风景？！不知龙虎作何感想？

风雨声中自耕耘

香港苏富比2015年春季拍卖虽然不及去年秋拍的总量，势头却是不衰。4天拍卖、16个专场、2600余件拍品，总成交额达26.9亿港元，超过了预估总量。其中，南宋官窑青釉八方弦纹盘口瓶（图3）以4800万港元起拍，经过多番竞夺，最终以1.1388亿港元成交，成为宋代瓷器第三高拍卖成交价。吴冠中的几件作品，在跨界专题音乐的伴奏下，超出大家的预想，获得意外之果。

相形之下，中国大陆文物与艺术品2015年春季拍卖虽然没有拉开大幕，但从中国嘉德四季的今年首拍看，从各方传达的拍卖征集信息看，2015年中国文物与艺术品拍卖市场可能依旧是一个调整年。

那么，我们调整什么？

调整心态。收藏属于小众，大众的热望难以满足。大家都说，中国有14亿人口，收藏人口数以亿计。其实，这从事收藏的庞大人群中，90%以上是收藏邮票的，每年一本年票，一二百元人民币，既不研究，也无从研究；既不欣赏，也经不起欣赏。如此浅薄的对象，何谈收藏？！许多年前，眼见市场不错，有关机构把邮票印制量扩大至亿，使中国邮票市场跌入低谷，至今没见天日。另外一伙则是盘手串的人群，其人数不少，市场却不大，说到底也只是男人有利于健康、女性增加点情趣而已，倘以此而表达对于宗教的虔诚与皈依是不够的，倘以此而跨入收藏的门槛也是不够的，毕竟，内里的文化含义过小，门槛过低。所以，对于人民大众来说，还是引导其读书为上。工作好，要读书；生活好，要读书；

图3 南宋官窑青釉八方弦纹盘口瓶。根据苏富比透露的信息,这件官窑青釉八方弦纹盘口瓶是日本藏家1975年7月在伦敦苏富比购入的。该藏家的另一件藏品——北宋汝窑葵花洗曾在2012年以2.786亿港元成交,至今为中国宋瓷拍卖的最高纪录

娱乐好，要读书；真的要进入收藏，读书也是不二法门。那些文化程度不高且视读书与读书人于不存在的人，在收藏领域是走不了多远的。中国文物与艺术品市场的复兴虽然只有二十余年，有多少人随风而去！

调整方向。收藏就是收藏，也只是收藏，既起于收藏，也归于收藏，投资不过是匆匆过客。过去如此，未来亦如此，当代中国所以不尽如此，只是因为中国文物与艺术品收藏曾经被中断，复兴刚起步。说起来，在中国文物与艺术品市场中，弄潮儿绝大部分是前些年下海经商获得成功的人们，其中有不少所谓的暴发户。进入收藏领域后，他们以智慧、资金、胆识……不断地拔得了头筹，几领风骚。粗浅地理解，人们过于强调了他们的草根出身，过于强调了他们的强悍作风，而忽略了他们在商海所以成功的聪明与气魄，忽略了他们对于各方力量的借用与各路消息的收集。但是，收藏是一条没有尽头的大道，需要一切，所以，包含着明确时间值的投资只是收藏的一定时间的同路人，或者说，这些投资人只是人们常说的古董商，而非收藏家。从兹，有志于收藏的人们要调整自己的方向,这方向一定要远大。非远大难以忍耐枯坐灯前的寂寞,非远大难以平复野火撩拨的心情。

调整政策。中国文物与艺术品市场的复兴是伴随着开拓的,因此,相关的法律、法规与政策并不完善,特别是在培育市场、激励市场方面更是十分缺乏:国内文物的保护力度还要加大,海外文物的回流更是支持不够,进口关税过高让相关人士甚至有报国无门的感觉;国有大型博物馆的馆藏文物研究利用还要加强,对于民间博物馆既支持不够,也管理不够,赝品充斥其中的现象不能听之任之;在世艺术家高收入、低纳税的状态应当得到重视,相关政策出台不能一拖再拖。用流行的话来,相关法规、政策不能调整,就应当调整制定、落实相关法规、政策的人。

调整队伍。这些年来,中国文物与艺术品市场中最为缺乏的是专业人才,特别是老一辈专家纷纷谢世之后,更是群龙无首,许多事情难以定夺,只好束之高阁。各省市自治区,包括地市县都有博物馆,国家有着一支不容小觑的文博队伍。多年来,因为从文物保护等方面的考量计，文博界人士一般不让参与文物与艺术品市场的活动，久而久之，可谓锁在深闺人不识，甚或长使英雄泪满襟。因此，有必要调整这支队伍的管理方式，要放虎归山，尽之所长，为市场服务，为大众服务，为收藏服务。专业问题只能让专业人士来研究解决，也免得一些半桶水四处晃荡。

调整标准。在近期的大众媒体关于文物与艺术品市场及收藏的报道与专题类节目中，大家都在强调其中的风险意识，然而，这还是停留在"收藏＝投资"的范畴内，其标准还是商业的，而非文化的。这么多年来，为了复兴文物与艺术品市场，我们过分地强调了物品的含金量，却没有强调甚至忽略了物品的历史价值、学术价值、艺术价值。商代的一块刻有文字的龟壳，其文物价值远高于清代的乾隆御题的一只花瓶，但后者的价格却是前者的无数倍。这种价值与价格背离的理所当然不仅影响了收藏市场的健康发展，也影响了相关学术标准的确立与推广，更现实的负作用则是导致民间收藏包括民间博物馆的同质化倾向。大家都在那儿跟风随势，今天元青花，明天明清官窑；今天乾隆工，明天大师作品。收藏的个性化需要强调，收藏的系列化需要强调，收藏的深度远比广度更需要强调。一些民间博物馆的所谓镇馆之宝，在国有大博物馆的库房里可是不少，文物等级不值一提。

如是说来，需要调整的不仅仅是市场，还包括市场的管理机构与人士；需要调整的不仅仅是现在，还包括关于过去的总结与关于未来的设想、安排；需要调整的不仅仅是资金，更需要调整管理资金的机构与人士。

收藏是一方土地，需要阳光明媚，需要风调雨顺，需要精耕细作……

和欧美相比，还有7%增长率的中国经济形势没有悲观的理由。前些日子中国股市出现一天上万亿的成交额，中国文物与艺术品市场区区百千亿的规模应当不在话下。但是，中国文物与艺术品市场关乎数千年历史、关乎当代中国品性、关乎上十亿人口境界，因此，相关机构与人士还得记住古人的一句话：吾庐小，在龙蛇影外、风雨声中。

（原载《品位·经典》2015年4月20日第2期，署名剑武）

当心，拍卖有底牌

书画拍卖有底价，也有底牌。

底价是不公开的，它是买家与拍卖行的一种契约，并非见不得人。底牌也是不公开的，之所以不公开，就在于它是一部分买家与卖家之间、买家或卖家与拍卖行之间的一种勾当，一种见不得人的勾当。

这些底牌让"公平"的拍卖鸡犬升天；

这些底牌让"公正"的拍卖鱼龙混杂；

这些底牌让"公开"的拍卖虚虚实实。

工作与社交，让笔者窥视或偷听到这些底牌。良知与道义让笔者公布这些底牌。

卖家底牌：

——某画家（尚未出道），将作品送交拍卖，支付图录印刷费用，碰碰运气。有人关照最好，没人关照也能获得一个作品"估价"，为下一步运作打基础。

——某画家（初出茅庐），将作品送交拍卖，拜托朋友在现场作托，一次两次三次，使自己作品的拍卖价格次次迁升，年年见长。虽然拍卖的作品大多最终回到自己手上，拍卖的费用基本自理，但这位画家俨然有"行情"了。

——某画家（有一定知名度，但无行情），与某一经营机构（以香港画廊居多）约订，画家以低廉的价格出卖或无偿提供一批作品，经营机构投资拍卖，将画家的作品哄抬到一定的价位。经营机构事后逐步抛出手头的那批作品，收回投资，并有可观回报；画家则获得一个比一个高的价位。

——某画家（有一定知名度，但行情不甚令人满意），让愿意收藏自己作品的人士（最好是海外人士）以高价拍买自己的一件作品，画家补偿其几件作品，以摊平其成本。收藏者以低价收购得作品，画家则获得一轮新的行情。

——某画家（有名声但不佳），送一巨作（仅仅是尺幅超大，而非作品精到）投拍，让一巨商以天价拍买成交，画家把拍卖所得再以捐献的名义回赠给这位巨商建立的慈善机构，资金"周转"的损耗由画家以作品补偿。

——某画家，既无知己相助，也无机构关注，只好自己送拍，自己出阵，一而再，再而三，自己把自己捧上高价位。（此事发生于杭州）

——某君或某机构，富有收藏，为了使收藏保值和升值，便投入一部分资金，或拉高价码以利出货，或逢低吸纳以免蚀本。这也是一些画家之所以声名狼藉而行情不跌的原因之一。

买家底牌：

——某君（多为个体工商户），投巨资于拍卖，投入金额列入经营成本，无须交税。藏品个人所有，工商税务部门不可能核实。久而久之，藏品即使以原价转手，他也得以逃税。

——某君（国有企业家或其他大权在握者），以公款哄抬一二个画家，画家以作品酬谢。或者，以公款收藏，开支入账，而藏品归己，顶多让藏品在办公室摆放三五日。

——某君（多为画家），闻知其上司或师长有作品投拍，便以高价拍回。此举名为拍卖，实为拍马。

——某君（多为卖家关系户），以高价拍得有关人士的藏品，以之交换"特殊政策"、投资机会或"批文"。

——某君（多为收藏家），受海外一巨商或机构所托参与竞拍，为了使自己按比率多提成或买家（其朋友）多得几个钱而不顾委托人的利益，开天价成交。

拍卖行底牌：

——为了使成交火爆，制造新闻与历史事实，夸大拍卖品的文物价值而哄抬其市场行情。

——为了使成交火爆，拍卖师以三寸不烂之舌，以不合适语言，煽动现场情绪，误导投拍者，使之失去冷静，盲目竞价。

——为了帮助买家朋友，故意使拍卖流标，迫使卖家沮丧而低价出售拍卖品。拍卖行虽然没有得到应有的收入，但拍卖行的有关人士从买家得到回扣，从卖家得到人情。

——为了帮助卖家朋友，也为了成交火爆，拍卖行自己设托竞拍，哄抬价格。

这些底牌使"火爆行情"以虚为实，使"艺术珍品"以次为精，使"艺术大师"以伪为真。虚虚晃晃的现象反映出一些实实在在的问题。

——拍卖行不守行规。据考证，我国艺术品拍卖出现于清代道光年间，当时的典当行、委托行和后来的信托公司常常使用拍卖手段，但一哄而起则是近几年的事。据不完全统计，我国现有拍卖公司已达一百二十多家，仅由各级文物管理部门批准成立的艺术品拍卖公司就有八十余家。

国际拍卖界有明确的行规，国际性大拍卖公司既靠不断上推的商情，也靠诚实不欺的信誉而领风骚。我国拍卖行大多在拍卖图录中参照延用国际拍卖行规。行规是明确的，"公平公正公开价高者得"是拍卖行业的基本原则，但在我们的一些拍卖公司及其拍卖活动中，行规遵守不严。一部分拍卖公司唯利是图，多失其责，只要买卖双方交足手续费，明知其间有诈，也不愿干预。

相当一部分拍卖物品是拍卖行上属机构委托,无从回避,也就很难得体。

拍卖行既有鉴定拍卖品真伪与优劣的业务,也有对此不负责任的条例——"本公司在拍卖日前编印的图录或以其他形式对任何拍卖品的作者、来历、日期、年代、尺寸、质地、装裱、归属、真实性、出处、保存情况、估价等的介绍,仅供参考,不表明本公司的任何担保"。这个近乎"强盗的逻辑"已经被沿用有年,且国际通用,难以改变。但是拍卖公司不以"打假"为己任,不尽快提高鉴定班子的水平与责任心,为客户负责,一概以行规推诿责任,搪塞客户,甚至以假充真,以次充好,必失信于世,失误于己。应当在拍卖行业组建行业公会,加强拍卖公司自律。

——有关拍卖的法制不全、督查乏力。对于拍卖行业及其活动,国内没有专门的法规约束,通用的法律法规缺乏足够的力量与手段运用,督查无方。艺术家或收藏家请人托市,工商部门无从查考。机构,特别是海外机构做市,更是既难以查证,也无从规范,只能听之任之。由于收藏成本无从把握，卖家即使获得巨额利润，也无须缴纳所得税，税务部门只能干瞪眼。把拍卖当作"团结上级"的手段或以此做交易，在拍卖中，纯属"周瑜打黄盖，一个愿打，一个愿挨"；但在社会标准中，前者属于道德规范之列，后者属于法纪管辖范围，拍卖行对此无权也无力干涉。这给纪检、司法、新闻媒介等部门提出了新的要求：对拍卖行业与拍卖行为加强社会监督。

——心态不正。艺术家个人或机构利用拍卖炒艺术家或藏品的知名度，虽有欺诈之嫌，但都属于商业经营中的惯用伎俩，无可厚非。现在的问题是，拍卖行情成了收藏标准，成了艺术标准，成了社会标准，其他的一切似乎等而下之，甚至软弱无力。如此看来，艺术批评不仅有对艺术创作，也有对艺术运作"说三道四"的义务与权利。艺术家用心于拍卖，着力于推销自己，甚至自视过高，漫天要价，这既是一种处在商品经济初期无可奈何的自救手段，也是一种心态不正的症状。如此下去，其艺术水准必然下降，必为人所不屑。当然，社会也应当建立健全的中介人制度，让艺术家安心创作，创作出无愧于时代和历史的艺术精品。

——准备不足。拍卖中的这些底牌之所以常常出奇制胜，一方面是因为其隐蔽性，一方面是因为一些买家或卖家缺乏足够的收藏知识和冷静的投资心态。

当然，底牌在拍卖活动中也只是局部的。但是，这些底牌只要有一张，就足以使拍卖的火爆行情、火爆宣传、火爆社会反响大打折扣，使拍卖业与拍卖公司潜伏危机——失信，是经商者之大忌。

（《光明日报》1995年2月15日，署名南宫品）

注：近几年开始由拍卖公司代收卖家所得税，国内人士3%、海外人士2%。

赝品横行，是1997年艺术品拍卖中最为刺眼的一道"风景线"，也是今后艺术品拍卖业必须艰难跨越的一道"坎"。

痛说赝品

在已经过去的一年中，几年前曾经使个别艺术家心烦意躁的假画，在不少艺术品拍卖中大行其道，古今中外的造假手段全面登场，艺术家、收藏家、管理者、经营者为此而叫苦不迭。

"假"字了得

中国艺术品作伪从何时起步，尚无准确考稽。从已知的文献记载看，作伪最为猖獗的时期大约有北宋中后期、南宋初期、明代中后期、清代后期。与上述记载比

20多年前，署名吴冠中的水墨人物《毛泽东肖像——炮打司令部，我的一张大字报》在香港拍卖成交。吴冠中事后将拍卖合作方上海朵云轩与香港一家拍卖公司告上法庭，历经两年余胜诉，为此，吴冠中还写作了长文《黄金万两付官司》。此事是近三十年有名的作品真伪官司之一

较，这两年的艺术品作伪现象之普及与手段之高明，可以说有过之而无不及。在北京这一年的数十场大小拍卖中，赝品多得惊人，有的高达50%以上。历史上的艺术品作伪地区与手段大约有：苏州片、河南造、后门造（北京）、上海造、扬州片、长沙货、广东货等等。这几年，除了上述地区仿造的古旧艺术品纷纷出笼、技术手段被"古为今用"，一些新的技术手段包括高科技手段也被运用于造假。造假地区则广及全国。把拍卖中所见到的书画赝品分析归类，大致有如下几种：

以暗为明：一些被前人打入另册的伪作，因为有关文献的丧失与有关知识的缺乏，重新以真迹的面貌而堂皇面世。

以近求远：因为历史上的仿制者后来成为了名家，更因为仿制年代也已久远，历史上的许多仿制品也相当珍贵。所以，有人以前人的名款仿制年代更为古老的作品，如以清人仿明人、以明人仿元人、以古代小名家仿大名家等。

以小求古：一些作伪者利用文献对于历代小名头艺

术家作品的记载不详而以其名款造假,舍其艺术价值而取其文物价值。

以仿为真:将学生临摹的作品当作老师的无款作品,或补上老师的名款印章;或利用老师为学生作品的题款改造为老师作品。

鉴定作伪:一些鉴定者因为利益驱动等原因,不负责任为赝品题签;或者是作伪者以真迹求鉴定,然后以伪作更换原作画芯。

直接作伪:有一定艺术功力者或直接作伪,或为人作伪。在一些地区,则出现了流水作业、集团作伪,如张三仿画、李四仿字、王五仿章。

以伪作伪:一些经营者利用买家的经济实力不够、贪便宜心理等,明明白白或心照不宣地出售伪作。

作伪技术,除了传统的挖款、改款、添款、移动画跋、拼凑画芯、化整为零、转移山头、揭裂画迹、添补人物景物外,一些新的技术手段也被运用于作伪,如激光照排、化学溶剂与红外线等。

"钱"字了得

赝品横行,都是因为一个"钱"字。

卖家以假充真,是为了一个"钱"字。低成本、高回报,何乐不为。艺术品经营领域的法规不全,有法不依,有法难依,使造假者为所欲为。

拍卖业以假充真,或对赝品爱理不理,是为了一个"钱"字。现在,全国拍卖公司多达一千多家,艺术品拍卖公司多达一百多家,一哄而上的买卖却没有取之不尽的货源,不对赝品开绿灯,其中一半以上的拍卖公司得倒闭。

买家不怕赝品,也是为了一个"钱"字。一些买家吃了亏,退出了竞买行列,另一批买家前赴后继,因为拍卖领域虽有高风险,但也有高回报的事实。更何况,这些年来,绝大多数媒体告诉人们的是,文物与艺术品是没有风险的股票。

"钱"字如此作梗,赝品如此横行,损害了有关消费者的利益,败坏了经营机构的声誉,干扰了艺术品市场的正常运作,甚至影响了艺术创作与艺术事业的发展,应当引起有关管理部门、经营机构的充分重视。应当制定更加明确的法规,对造假者按赝品成交额的大小来惩处,虽然难免有铤而走险、以身试法者,但最少能遏制造假、卖假的无所顾忌。在加强拍卖业自律的同时,有关管理部门应当加强干预力度,不能等待市场经济规律来优胜劣汰。应当加强学术鉴定的权威性与经常性,不能听任拍卖公司既以假充真,又以国际通行的行规来推卸责任。拍卖行应当尽快提高鉴定班子的水平与责任心,为客户负责,否则,必失信于人,失误于己。应当加强社会监督力度,对于艺术品经营中的违规行为,检察、工商、税务等机构应当及时查处,予以曝光。

只有这样,才能在艺术品拍卖、经营领域逐步建立起明确、完善的秩序,以法打"假",以法管"钱",最终确立"法"字了得!

(原载《人民日报》1998年1月9日第9版,署名南宫品)

空前发展的中国艺术品市场与滞后的管理——法律法规不全、管理队伍孱弱、监督力度不够，形成了比较强烈的反差，繁荣背后的混乱、混乱导致的损失、损失的难以弥补，不禁让人"才下眉头，又上心头"。

艺术品市场忧思录

当代中国艺术品市场的展开虽然有些突兀，但它给当代中国造型艺术家、收藏家、经营者乃至旁观者带来的惊奇似乎更为突兀。

许多艺术家由此率先进入富裕阶层，收藏由此而从文人雅事成为了时尚，老字号荣宝斋、朵云轩的身旁由此出现了一批艺术产业，刚刚办了六届的中国艺术博览会由此有了八家竞争对手。当然，中国艺术品市场的火爆主要是此起彼伏的拍卖槌敲打出来的。当前艺术品公开交易的百分之七十发生在拍卖场中；文物的公开买卖多数发生在拍卖场中；中国艺术品的成交纪录诞生在拍卖场中……

急剧萎缩的画廊业

中国艺术品市场由画廊业、拍卖业与艺术博览会三部分组成。前者是一级市场，后二者是二级市场。因为市场机制不健全等因素，后二者也大量地参与了一级市场的竞争，使曾经一度红火的画廊业在近年急剧萎缩。

在北京、上海等几个大都市，荣宝斋、朵云轩、和平画店等几家老字号画店曾经名满中外，之所以如此的一个重要原因是，在相当长一段时间内，它们屈指可数，别无分店。20世纪80年代，荣宝斋所在北京琉璃厂成为了一条文化街，画店鳞次栉比。

伴随着各地中高档饭店、酒楼而出现的画廊，不仅把曾经由各地友谊商店垄断的艺术品买卖送到了每一个外国客人的身边，也送到了许多中国人的眼前。

但是，20世纪80年代随着旅游业而生意红火的画廊业可是今非昔比了。据有关部门统计，1994年，全国共有画店画廊五千余家。到1997年，全国只有画店画廊二千余家，每年递减一千家。

谈到画店画廊数量的剧减，文化部市场局美术处处长梁刚认为，这是对1994年前画店画廊无序发展的一种自然淘汰，可以说是画廊业逐步成熟的一种表现，也是其他艺术品产业发展竞争的一种必然结果。他说，拍卖业的兴盛，特别是小拍的频繁与艺术博览会的出现，争夺了画廊业的不少市场份额。

与此同时，我们也应该从画廊业本身寻找原因。除了几家老字号凭借金字招牌保证货源与吸引顾客，其他众多画店画廊也沿用如此等客上门的办法，在宣传攻势强大的拍卖会与博览会面前，自然丢城失地，连连败退。90年代前后，因为桂林画贩子的巨大"成功"与失败给画廊业制造的恶名，不仅使收藏者对多数画店画廊畏而却步，也使艺术家对它们失去信任与兴趣。没有诱人叩门的魅力，没有招人回头的信誉，没有艺术家作为后盾，许多画店画廊业只好祭起两件法宝，一个是现代的——批发粗制滥造的低劣商品画；一个是传统的——三年不开张，开张吃三年（遇上难得光顾的客人狠宰一刀，主要是以假当真）。如此自欺欺人，画廊业不急剧萎缩才怪！从这个意义上来说，画廊业的急剧萎缩与其他新兴产业的兴盛是互为因果的。

令人忧虑的是，如果有关部门在画廊业开展一次打假治劣活动，现存的二千余家画店画廊又会有多少家应声而去。作为一级市场主体的画廊业如果长期萎靡不振或者发育不全，势必影响到二级市场的稳健发展。当前拍卖业之所以出现鸡犬升天等奇怪现象，也与当代艺术品没有经过一级市场的较为明确的评估与较有力度的淘汰不无关系。

鱼龙混杂的拍卖业

当前艺术品拍卖业本身的问题主要是两个方面，一是赝品成灾，一是恶炒名声。

恶炒中国书画家的名声，首先发生在香港。个别艺术家与投机商人联手，将其作品拍出天价。如今，这种运作方式已经在其他城市的拍卖会上屡见不鲜。一些尚未成名的书画家，自费将作品送交拍卖，碰碰运气，有的甚至赤膊上阵，以获得一个作品"估价"，为下一步运作打基础。这是自炒。一些收藏家或收藏机构，为了使自己的收藏保值和升值，便投入一部分资金竞拍同类收藏或同一艺术家的作品。有一位画家虽然声名狼藉，但其作品在拍卖会上行情不跌反涨。之所以如此，就因为其作品的收藏者不愿自己血本无归。这是他炒，而更多的是书画家、收藏家或机构、经营者或机构联手，恶炒名声，哄抬价格，牟取暴利。一些小有名气的画家，在作品送交拍卖时，拜托朋友作托，使自己作品的拍卖价格次次见长。个别知名度较高的画家与一些经营机构订约：画家低价出卖或无偿提供一批作品，经营机构投资拍卖，将画家的作品哄抬到一定的价位。对于这些，拍卖公司大多睁一只眼闭一只眼，有的甚至合力为之，因为高成交便有高提成。

无论是自炒、他炒，还是联手炒作，起码都是一种

陆俨少先生中国画《春江不老图》在北京拍卖时，与之相关的人传话说此作为赝品，后来，有人发现其在现场频频竞投，看来，其赝品之说系其压价策略也

商业上的欺诈行为。这种恶炒的结果又通过一些新闻媒体与出版物扩散、放大,使当代中国无端产生了一些"艺术大师"。

令人忧虑的是,这些本应受到指责或不屑一顾的笑话,却在老百姓中间作为神话在传说着;这些以虚价成交的拍卖品及其孪生兄弟因为其"贵重"而成为了某些作者有力的敲门砖,他们因此在某些地方(或系统)成为了新闻人物、风云人物;更重要的是,因为同样的利益驱动,这些艺术家及其作品不断地出现在一些专业刊物的重要版面。学术标准一旦被偷梁换柱,而代之以市场标准,不仅影响到学术评估的准确性,影响到市场运作与发展的秩序性,更会影响到艺术事业的健康发展。

依然如故的地下交易

拍卖等手段使文物交易中的相当一部分由地下转入地上,但并没有扼住当代艺术品地下交易的势头。

20世纪80年代以来,海外一些收藏家、艺术品经营机构利用艺术品进出口条例的宽松,利用中外工资收入的巨大差异,利用国家税收征管的漏洞与困难,特别是利用艺术家的求富心切,以宴请招待、赠送家电、支付现金、邀请出境、出版画册等方式,成为了书画家的朋友,换取了难以数计的当代书画作品。国家因此流失的税收虽然无从统计,其数目惊人是可以肯定的。如果让书画家照章纳税,并对其偷漏税行为课以罚金,他们还能驾着奔驰、住着小楼吗?

与此同时,大量留学生携带书画作品出国,以在紧要关头保证生计;成批公务人员携带书画作品出国,以赠送海外有关机构与人士;某些地区组织书画作品出口,以极低的价格换取外汇(最低的是五美元一件)。当国人以艺术品馈赠西方发达国家人士时,对方常常不无惊讶,甚至受宠若惊。在许多西方国家,艺术品的进关是大道畅通,而艺术品的出关则难于上青天。

记者曾经以同一问题征询过近三十位中年画家:你的作品主要在何处?答案惊人的一致:在海外。看来,我们的后人要撰写当代中国书法史与美术史,必须到海外去找材料了!

艺术品的地下交易既不受市场机制的约束，更得不到法律法规的保护，因此，受到伤害的不仅仅是国家税款的征收与艺术品市场的规范，也包括艺术家本身。那些受海外不法商人与无耻小人欺诈的艺术家不在少数，其痛斥声、悔恨声时有所闻。

（原载《人民日报》1998年4月3日第9版，署名本报记者邵建武）

神话与笑话

在西方收藏界,曾经风行过这样一句名言:艺术品是挂在墙上的永远升值的股票。随着西方经济的起起落落、艺术收藏的曲曲折折,特别是一些西方名画套牢在日本银行的仓库里,这句曾经创造了许多奇迹并得到证实的名言,已经由神话变成了笑话。

在艺术收藏方兴未艾的中国,这句笑话却正在被当成神话,四处流传。

书画家们在传说着,意在推销自己的作品。

画店老板在传说着,意在招徕更多的买主。

拍卖业主在传说着,意在引发火爆的竞投。

收藏者们在传说着,意在佐证投资的正确。

新闻媒体在传说着,有意或无意、有偿或无偿地将上述传说放大、扩散。

无关的人们也在传说着，因为这句名言在中国创造的神话有人炫耀，有人羡慕；由之产生的笑话却无人坦白，也就无从借鉴。

从投资的意义来说，艺术品类似股票。既然类似股票，就可以用得上当今媒体的一句"成语"：股市有风险！由此而成：收藏有风险！

风险何在？在伪劣二字。

伪者，一指赝品，一指托市，一指伪证。古代的赝品、近代的赝品、当代的赝品、外国的赝品这些年来横行于拍卖行，这是不争的事实。人为炒作，将低劣拍品哄上高价位，也是不争的事实。利用部分收藏者、投资者的知识缺乏，以及由此产生的对于有关权威人士的迷信，一些卖主、拍卖行高价雇用鉴定界、艺术界人士作伪证，引人入彀。此举有着相当的隐蔽性，那些因为精明强干而暴富的人们，之所以在初涉收藏业便马失前蹄，多数可以归结如此。

劣者也有三个方面。其一，并非所有书画家的作品都具备投资价值。在中国，人们称为书画家的，人数当上万。

吴湖帆中国画《临黄子久富春山居图卷》于2011年北京瀚海秋季拍卖会以9890万元成交，刷新其书画作品拍卖纪录

自称为书画家的,则在十万以上。他们每年生产上百万件作品,甚至更多,其中的大多数无论从创作来说,还是从投资来说,都可以称之为劣质品,不应在收藏之列。其二,并非所有的成名书画家的作品都具备投资价值。一些试验性强的书画家,因为现代思潮与时尚等因素,颇得青睐。他们的一些作品也许从创作上来说,是佳品,但从投资上来说则风险较大。一些书画家借助现代媒体炒作,人为拔高一等,投资之自然回报遥遥无期。其三,并非所有有行情的书画家的作品都具备投资价值。这些书画家的精心之作是值得投资的,但他们的应酬之作、重复之作则应该慎重下注。20世纪三四十年代上海滩上如日中天的"三吴一冯"(吴湖帆、吴待秋、吴子深、冯超然),在近十几年来,除吴湖帆作品差强人意外,其他三位难得一见,为之倾囊的人们及其后代多数是血本无归了。

为了不闹笑话,则不要相信任何神话,这应该是投资艺术收藏的人们牢牢记住的一句箴言。

(原载《人民日报》1998年2月13日第9版,署名南宫品)

投资与投机

这些年来,无论是人们口头上,还是新闻媒体中,投资是一个使用频率极高的词儿。在为人们开列的投资细目中,书画、古玩的收藏,已经与股票、房产并驾齐驱了。

其实,无论是从词的本来意义,还是从行为的实际发生来说,收藏首先是一种投入。它让人花钱,甚至投巨资,而且没完没了,因为它与爱好有关,特别是当这种爱好发展成为一种嗜好,很容易使人迷恋其中不能自拔。但是,收藏是一种特殊的消费。它不同于吃、喝、打扮与家庭装备等纯粹物质性消费,它具有充分的精神性。它既要求人们在为之花钱之前,具备一定的相关知识;在花钱的同时与之后,它又使人的相关修养得到一定的提高与拓展。收藏也不同于旅游、娱乐等纯粹精神性消费，它不是一次性的，具有物质——货币往返的特点，也就是说它在投入之后，可以为投入者保值，甚至增值。从这个意义上来说，收藏又是一种投资，且具有特殊性。它既不同于介身实业与贸易等物质性投资，它是一种文化事业；也不同于进修、读书等精神性投资，它虽然包含有一定的工作能力的补充作用，但它更多地体现为业余自娱，它与人们的职业常常无关。所以，千百年来，收藏对于大多数人来说，是少数人的闲情逸致。进一步来说，它只是少数人的闲钱异志。

这几年，这种闲情逸致——闲钱异志，在一些人那儿已经转换成了热钱专志，投资已经转换成了投机。在人头攒动的邮票与钱币市场，在身影晃动的古玩鬼市，在此起彼伏的拍卖市场，人们目睹的情景、传说的故事以及心中的打算与愿望，较多地与"翻番"二字有关，谁都想发财，谁都想发大财。正是这种暗流的汹涌澎湃，使收藏之河改道而行，"水患"不断。一些人得风气之先，翻手为云覆为雨，一不小心又被人算计，一个跟头栽到底；一些人得"天时地利"，底价进议价出，体制优越的发挥与局限的利用恰到好处，但又半夜敲门心跳，唯恐警察找上门；一些人依道听途说，东一榔头西一棒槌，得了辛苦没赚钱；一些人财大更兼气粗，被人捧得晕头转向，牵着鼻子进了套，终落得个血本难归；更多的人是不声不吭地买，不声不吭地藏，捂在家里异想天开，殊不知他以二十年以后的价进了今天的货；还有人拿国家与企业的钱当儿戏、充英雄，使国有资产"高位套牢"；且不说与之有着明确因果关系的盗墓成风、文物走私……

正是这些，使当前的艺术品与古玩市场呈现出一种畸形。作为有数千年文明史的国度，作为有近千年收藏史的国民，这是一种不该有的幼稚。这几年，一些报刊为海外收藏品回流大陆纷纷叫好，认为这是中国经济发展、社会稳定、人民富裕的标志，但人们却忽略了一点，这其中有相当一部分是：海外古董商人在利用我们市场的不成熟与人员的素质低，把他们从前的失误转嫁给了我们。

固然，一个市场的形成都有一个从冷到热，然后从热到冷的过程，让人担心的是，这个冷热交替过程的长与短、顺利与艰难是以广大普通老百姓的无数小钱与国有资产的巨额资金流失作为代价的。

（原载《人民日报》1998年3月13日第9版，署名南宫品）

视力与听力

这些年，经常参观一些拍卖会。发现一个现象，值得注意。前几年，拍卖会刚刚在北京出现时，与会人士除了海外买家与中介人，大多是北京的美术界人士。近两年，无论是在预展时，还是在拍卖会上，陌生的面孔居多。

无疑，他们构成了一个新的艺术品消费群。这两年，他们创造了国内买家多于国外买家、本土文物与艺术品成交屡创新高、海外文物回流等中国艺术品拍卖的新纪录。应当说，这是一个历史性进步。

据笔者观察和了解，这个消费群有一个共同的特点，就是三五成群，而不像海外买家那样——多为独行客。这个特点，让我想起一位香港收藏家的话。他说，在香港，艺术品的消费者听力极好，但视力较差。其意是，香港的艺术品消费者多数鉴赏水平不高，而对关于艺术品的传说、报道极为敏感。因此，他们常常被误导。

乱世黄金，盛世文物。生活环境的稳定，社会购买力的迅速提高，导致了公众收藏意愿的日益强烈（装饰、投资、投机），并没有导致公众收藏水平的相应提高。也就是说，从一个被动的收藏者到一个主动的收藏家，从自然王国到自由王国，大家还有很长的一段路要走，因为我们曾经遭遇数十年的战乱频仍与十年的文化被"革命"。

缘于此，近年来，国内许多出版机构出版了一批关于艺术品鉴赏与收藏的书籍，绝大多数新闻媒体陆续推出收藏专栏与专版，一些美术机构不断开设有关的讲座，一些美术院校也开始设立相关的专业。人们的听力得到了充分的满足和一定程度的锻炼，但是，他们的视力提高却相对缓慢了。一个有力的根据是，陈设着真正文物与艺术品的博物馆与美术馆没有得到收藏者的应有关注。

无论是文物,还是艺术品,只要涉及收藏,关键是多过眼、多上手。历史上的许多收藏家并非是学富五车的文人,而是水里来、泥里去的实践者。一方面,文物、艺术品的学术评估与市场评估虽有所交叉,但毕竟是泾渭分明的两个体系;另一方面,文物、艺术品生产与流传的许多细节常常被学术研究忽略不计,也是文物与艺术品造假者力所不及的,只有通过常常把玩,才能感觉得到,掌握得了;最重要的是,今天的许多收藏者在他们初涉其间时,即为赝品所惑,也就是人们所说的,看坏了眼睛,如此,自然见怪不怪、见假不假,长此以往,很可能当一辈子的冤大头。

所以,有志于收藏的人们,不妨多多参观博物馆与美术馆,让自己面对真正的文物与艺术品,让自己面对历史与真实,让它们打开自己的眼界,提高自己的视力。

(原载《人民日报》1998年4月10日第9版,署名南宫品)

价值与价格

"捡漏"或者"暴富"常常发生在一个市场形成的初期。当代中国艺术品拍卖市场起步虽然不到十年,但由于收藏传统的悠久与前几年的主要参与者——海外收藏家与客商的成熟,令人惊喜的事并不多见。

令人遗憾的事却常有发生。除了以假当真,最大的遗憾恐怕是艺术价值与市场价格的背离。典型的例证是张大千作品的居高不下与黄宾虹作品的徘徊不前。

张大千与黄宾虹都是传统功力深厚的艺术家。张大千的功力主要体现为他对历代名家作品的仿制几近乱真,黄宾虹的功力则主要体现在美术史论方面。在中国美术史的长河中,他们作品艺术价值的高下之别是明确的,为什么会在艺术品拍卖中被颠倒了呢?这当然可以

此作系黄宾虹送给学生郭味蕖的一件重要作品。因为彼此都是美术史家兼画家,故黄宾虹着意于作品的传承关系及功力,题中即有"合倪(瓒)、黄(公望)、吴(镇)、王(蒙)为一家法写此"。一张画合元代山水画四大家之法,故此作乃难得的艺术精品。如此来头的作品面市后第一次300多万、第二次改了名却流标了

归结于黄宾虹迟至于20世纪90年代才被人们充分认识，而更为重要的一个原因则是人们对于市场内在规律的认识还比较肤浅，将艺术价值与市场价格弄颠倒了。

张大千作品的收藏者大多是富有的台湾人，将之推上高台且不让其滑坡的自然也是台湾人。有如此强劲的买家与中介，张大千的作品自然不会贬值。黄宾虹的作品因为史论肯定的姗姗来迟，其收藏者大多为缺乏经济头脑的学者、艺术家与不能参与市场的大陆博物馆等，这使他的作品缺乏应有的市场运作，其市场价格自然难以如突发的理论评估一样而飙升。现在的问题是，人们在为之鸣不平的同时，并没有意识到，市场的规律也是铁打的。因此，人们由此而指责艺术收藏者分不清高下时，则犯了一个分不清彼此的错误：艺术价值与市场价格有联系，但更有区别；艺术价值只是决定艺术品市场价格诸因素之一。我们既然不依张大千作品的市场价格高高在上来改变对于张大千的理论认识，也就不必为黄宾虹的市场价格不高且增长幅度过小而指责市场不成熟。

当然，艺术价值与市场价格能够统一自然更好，但是，学者与商人的区别首先是学者研究史论，商人图谋发财。要求商人按照学术的思路来入市，如同要求学者按照市场的思路来做学问，虽然可能产生儒商与商儒，毕竟只是少数。因此，多数艺术投资者还得走折中的道路：以学者的眼光做中长线，以追求较高的回报率为主；以商人的手法做中短线，以追求投资的短平快为主。

（原载《人民日报》1998年5月15日第9版，署名南宫品）

真假与好坏

据说，海外有一位大收藏家，其收藏原则之一是：不论真假，只论好坏。

说来，这有些不可思议。自古以来，甄别真伪是收藏的先决与主要的工作。确定好坏，怎么也是等而下之的事。作为收藏家，如果不论真假，虽然省略了许多周折，却可能不断带来灾难性结果。于私，它可能使收藏者血本无归；于公，则使史料的整理与史论的确定处在盲目状态。

但是，如果调整一下思路，上述道理虽然依旧有效，但上述收藏家的原则却并非故作惊人之语，而可能是一片新天地。

其所以不论真假，首先是真假难辨。中国历史的漫

五代董源《溪岸图》原为宫藏，明代后不知去向，20世纪30年代由徐悲鸿从民间发现，后转让给张大千，20世纪50年代，张大千转让给王季迁。王季迁后转让给自己任职的美国大都会博物馆。关于此画作者现存三说，一为董源，一为北宋人，一为张大千。王季迁即是收藏"不论真假，只论好坏"的主张者

长，文物珍玩的浩繁，收藏之风的几兴几歇，文物市场的几起几落，导致中国文物的流传极度无序，兼之中国文物的制造工艺中包含许多不确定性因素，鉴定手段反不及造假手段丰富、高明，而中国艺术的世代承传常常以临摹入手，临本与摹本的存世如同真本的流传，常常处在暧昧状态，如此种种，致使假作真时真亦假。收藏史又以无数的铁证告诉我们，真假的分辨固然艰难，分辨了真假并非万事大吉；或者说，真假的分辨较多地体现为艺术史的考订，而与收藏的选择尚有距离。在收藏领域，还要考虑文物的品相、数量、价位等。从某种意义上来说，对于收藏，真假的断定倒不如好坏的选择重要与实在。比如说，董其昌的存世真品中，有经典之作，也有应酬之作，而其应酬之作在拍卖市场常常不如其仿前人之作有价值、有分量。这是假的胜过真的。又比如说，齐白石的作品一般价位在十万元左右，少数真迹甚至不过二三万元，而当代一些中青年画家作品的价位已经过之。这是小的胜过大的。又比如说，一些历史名人的作品虽然从艺术上来说，几无价值，但在拍卖市场却颇受欢迎，而一些艺术家的作品却屡遭冷落。这是"邪"的胜过"正"的。由此看来，在收藏领域，真则真、假则假，而好与坏的判断却内涵丰富，学问甚大。我想，这也许是海外那位大收藏家之所以小觑"真假"的原委，也正是许多收藏爱好者的误区所在。

当然，作为大收藏家来说，可以"不论真假"，因为他对于真假大多了然于胸，可以"只论好坏"；对于还在古玩市场出入的大多数人来说，于真假处还得如履薄冰。

（原载《人民日报》1998年7月10日第9版，署名南宫品）

收藏八病

在拍卖市场旁观，在古玩市场转悠，冷眼相看，扪心自问，总觉得当今中国的收藏者们大多有病，有的且病得不轻，诊视之，约有如下征象：

盲目。不具备应有的文史哲修养，不具备起码的专业知识，不了解市场行情，听信旁人的神吹海聊，听信某些媒体的热哄爆炒，贸然入市，恍恍乎，懵懵然，当了冤大头，有的甚至血本无归。

浮躁。古往今来，堪称收藏家者为数甚少，究其因，就在于收藏一行多为中长线，短线暴利极为难得。而如今入市者却多为短视者，伸着耳朵四处打听，却不愿意静下心来多做案头工作——多读书，多把玩，苦心钻研。总幻想化身为黑马，四处奔驰，其结果自然是四处碰壁，常交学费。

骄矜。有些人或在股市上发了财,或在地产上得了利,或靠倒腾赚了钱,便以为一通百通,财大气粗,不可一世,一意孤行,殊不知,炒股可以割肉,房产可以抵押,滞销可以甩卖,花大钱得赝品可是一条走不到头的黑道。

轻信。本身无能,只有听信专家。而专家林林总总,可谓五花八门——有大专家,也有小专家;有真专家,也有伪专家;有正专家,也有歪专家。倘若不分青红皂白,唯命是从,难免上当。

跟风。今天邮市火爆,今天开始集邮;明天钱币赚钱,明天开始攒币;后天书画热闹,后天开始收购书画……跟着传闻,在广阔的收藏领域四处出击,如果总是得天下之先,不失为弄潮儿。遗憾的是,他们常常是跟在别人后头,东一榔头西一棒槌,虽不一定是步步踏空,却也总是吃他人的残汤剩饭。于学术,永远是半瓶子醋晃晃悠悠;于经济,则是辛辛苦苦赚个小钱,甚至不断蚀本。

冲动。有的人认认真真地看了拍品，仔仔细细地核定了价位，也掂量了自己的财力，可是事到临头，热血冲头，在众目睽睽之下，方显出"英雄"本色，一个不小心就着了托儿的道。

贪婪。捡漏儿，也即以便宜的价格买到比较好的东西。这对于学富五车的收藏家来说，尚是可遇不可求的事，对于初入道者，基本上是天方夜谭。可是，捡漏儿却是如今众多收藏者难以排遣的梦。解析之，不难发现其贪婪的心理底色。针对此，许多打扮似农民的外地古玩商人常常把貌似精明的城里人玩得稀里糊涂。

畏葸。有的是一入市道，即栽了个大筋斗，从此颤颤巍巍，不敢起步，甚至扭身而去，交了学费却没长本事。有的是袖着手，揣着钱，把价位定得过低，在拍卖时义务为卖主当托儿，在古玩市场与小摊主们开玩笑。他们在收藏领域没有赔钱，却也损失了一些利息，更重要的是犹犹豫豫，失去了一些机会。

（原载《人民日报》1999年1月15日第9版，署名本报记者邵建武）

善以待之

旧历年前，应北京华辰拍卖公司邀请，赴台湾考察艺术品市场，与业界人士有了比较深入的接触，深感大陆艺术品市场繁荣之可贵。

言及未来，台湾的同行们几乎都有叮咛："善待之"。

的确，这两年，国内艺术品及文物市场在拍卖领域可谓风头正劲，艺术家个人拍卖纪录不断刷新，非主流的收藏门类异军突起，各大拍卖公司一年一个纪录，总成交额大幅提升，屡创历史新高。比节节攀升的纪录更让人振奋的是：大量的文物与艺术品从海外回流和民间机构的大举进入。

因为中国艺术品市场的不断走高，引导了那些被巧取豪夺走的文物与艺术品大量地通过拍卖市场回流祖国，且其文物级别与艺术水准不断走高。如此不仅可以一洗百年积弱而遭受的耻辱，还可以充实传统文化研究的资料，并拓展其领域。而民间机构的大举进入一方面大幅度地提高了收藏队伍的实力，也使收藏与研究的自然过渡有了一种新的可能，对国有事业单位的有关工作提供了强有力的响应。

如此火爆的场面，如此强劲的势头，如此美好的未来，自然应该"善待之"。台湾及海外的同行之所以提醒我们要珍惜，就在于我们有些人不珍惜，有些方面不珍惜。譬如说，有的买家似乎是财大气粗，不遵守拍卖行规与市场法则，举牌时狮子大开口，汇账时却缩手缩脚，让拍卖公司有苦难言，长叹人心不古，别的拍卖公司只好婉拒其入场；有的卖家利用拍品难找的情势，强行搭配，把以往自己的"走眼"嫁祸于他人；有的拍卖公司利用工作便利，把主管领导作品价格无理抬升；更有拍卖公司与买卖双方联手，人为地创造了个别拍卖纪录，欺世盗名，瞒天过海谋私利……如此，2004年的中国艺术品拍卖市场既有大步向前的正剧，也有高歌向上的喜剧，也有令人啼笑皆非的闹剧，非善待不可。

细想起来，善待之人主要还是界内人士。如果艺术品拍卖公司不严守法规、不严束员工，如果艺术品与文物的经营者们（卖家）不异想天开、不一味贪图暴利，如果艺术品与文物的收藏者们（特别是机构）不过分关注"捡漏"、不苦练基本功，中国艺术品与文物市场的未来空间自然不会晴空万里。因此，要做到"善待之"，就必须"善，以待之"。

（原载《人民日报》2005年2月25日第14版，署名剑武）

警惕"监守自选"

最近一段时间,拜读了几本有着明确学术定位的画册,总想到这样一个词:监守自盗。

它所指陈的是主要发生在物流业的一种不屑:盗窃自己所看管的财物。一般而言,这种情况在学术界不会发生,毕竟,没有了"五七"干校,知识分子一般不会被安排去守大门、看仓库、昼夜巡逻了。

但是,它却实实在在地发生在你的眼前,令你大开眼界。

在某人主编的画册里,你发现了主编大人的近作。如果这位主编大人是一位成名画家,你可能不会觉得刺眼,最少会觉得情有可原。可惜的是,他还在四处求教呢。更重要的是,这本画册的标题意在体现当代中国画的整体面貌,依常理,没有一定学术成就者是不宜也难以"忝"列其中的。

在某出版社编辑出版的画册中，只要是综合性的选题，总能看到其主管领导的作品。一般而言，为专业机构选拔领导干部时，其专业水平是任职的必要条件，但不是主要条件，更不是唯一条件。所以，一些极具管理才干但专业平庸的人士走上了专业机构的领导岗位，且可能干得有声有色。但是，因此而水涨船高，人为地提升他们的专业水准，就编者而言，有趋炎附势之嫌；就管理者而言，对此听之任之，自然是以权谋私了。

利用主编之职，把自己的作品塞进画册中；听任自己的下属，把自己的作品一再选进画册中，这种欺世盗名的劣行在这些年并非美术界仅有，但将之利益化，把"争名"与"得利"直截了当地结合起来，却是美术界、文物界的创造，最少是更胜一筹。如此，就让我们看到了这样的画册：名义上，它们是国家出版社的出版物；实际上，它们是拍卖公司的图录。名义上，它们是学术性著作；实际上，它们是短时间里拼凑的商品目录。因为涉及文物真伪与艺术品优劣的评判，它们在一定程度上体现了一些鉴定专家的学术水平，却没有经过严格的学术推敲与必要的时间检验。它们是拍卖公司员工辛勤劳动的成果，却也难以完全排除商业欺诈、学术失误与技术偏差。更何况，中外无别的拍卖行规明确表述，买家"不应依拍卖图录及影像制品、宣传品之描述而做出判断"。

因为名利双收，主编把私货塞了进来。因为名利双收，领导听任部下把私货塞了进去。因为名利双收，出版社与拍卖公司里应外合，把拍卖图录乔装打扮成学术性著作。主编的职责哪里去了？主管领导的职责哪里去了？出版社的职责哪里去了？拍卖公司的诚信哪里去了……学术仓库的"保管员"哪里去了？！

物流业的保管员监守自盗，只能是守什么盗什么，且销赃不易，而上述这些主编、主管领导却使用高超的"监守自选"，通过"公开、公平、公正"的拍卖，直接把人民币装进自己的腰包，且振振有词：劳动所得。

呜呼，文人之无行兮，有新招；消费者之遭算计兮，防不胜防。

（原载《人民日报》2005年7月31日第8版，署名剑武）

我们应有的话语权

俗话说:地怕荒,人怕闲。到如今,在市场经济条件下,地不怕荒,人不怕闲,就怕没钱。正如大家常说的,有什么别有病,没什么别没钱。

怕没钱的,是咱们这些没钱人;而有钱人也有有钱人的怕处:作为个人来说,再有钱也还是怕自己的钱不够用,知足常乐者自古至今依然少见;作为机构来说,钱来得不易,钱要花出去也不易;可不花出去不行,花出去了不赢利,或者赢利太少,更不行。所以,这些年,我们不时地看到国际"热钱"进进出出、来来往往,既有"翻手为云覆手为雨"的能耐,也有"来也匆匆去也匆匆"的慌张。且以中国艺术品市场为例。

大约十来年前,20世纪80年代走上艺术之道的油画家们还在北京圆明园附近的农家小院艰苦奋斗时，一些似懂非懂的外国人，以极低的价格，把中国人那些有现代意味的作品买回去，装饰他们在北京的临时居所。过了几年，一些外国画廊根据这些外国人带回去的信息，来北京物色可以代理的画家，小批量地收购作品。所以，从圆明园迁到宋庄后，一些画家生活上就不怎么犯愁了。这两三年，苏富比、佳士得拍卖行接二连三地以专场形式，推出当代中国画家的作品，成绩不菲。中国大陆油画与雕塑拍卖专场也开始走出低谷，甚至有后来居上的气势。不过，掀起这波行情的，无论境内境外，都还是以国际"热钱"为主体。北京一家拍卖公司这类作品的买家60%就来自境外。

境外为之掏钱的有两类机构：一是画廊，一是基金会。从运作形态来说，二者又可以归为一类，也即投资，而非收藏。其社会背景是因为西方艺术品市场需要经常变化可供大型运作的题材，其内在动因则是运作者都看好中国经济发展的势头与中国艺术品收藏的前景。说白了，他们手中从股东那里募集来的大钱不能闲着！

中国当代画家的作品之所以异军突起，并非境外机构与人士从艺术史的角度,发现了他们及其作品的价值,而是这些机构与人士相信,在未来若干年后,中国人会为了他们手中囤积多年的"奇货"买单的。毕竟,到目前为止,西方那些博物馆对待中国当代画家的作品的态度还相当矜持。

由此,我们不能不佩服境外有关机构与人士的眼力。早在若干年前,他们就不远万里来到中国,从那些简陋的农舍中,从那些脏乱的画室里,寻找、探访、发现,然后投资……

由此,我们不能不佩服境外有关机构与人士的魄力。早在若干年前,他们就不惜工本地进行运作,把那些身无分文的穷小子待若上宾,把那些看似顽劣的作品视为遗珠,为他们办展览,为他们出画册……

值得我们反思的是,在他们运作林风眠等前辈艺术大家若干年后,我们大举收藏林风眠等人的作品。在他们运作陈逸飞等写实艺术家若干年后,我们大举收藏陈逸飞等人的作品。如今,在他们运作徐冰、方力钧、岳敏君、王广义时,我们还要等到若干年后,才大举收藏徐冰等中青年艺术家的作品？如此亦步亦趋，从投资的角度来说是成本居高不下，从学术的角度来说则是永远没有话语权。关于中国自己的艺术，关于中国自己艺术家的作品，我们倒没有发言权，情何以堪！

其实，境外的这些机构与人士并没有把住发言权不放。有时，他们投资决策的依据甚至就是咱们学术界的成果。所以，我们应该把视角放到一定的高度，把分析做到一定的深度，把学术与市场紧密地结合起来。同时，在艺术品市场上，我们不要惧怕资金大鳄，一定要时刻记住，境外艺术投资是有软肋的，国际"热钱"是有软肋的，这就是一个"闲"字。如果我们在新生代艺术家中自己发现、培育人才，如果我们在艺术品市场中不跟风追高，我们既有可能使艺术品市场中的国际"热钱"凉下来，甚至成为闲置资金，最少可以降低我们自己的运作成本，更可以获得我们应有的关于中国艺术品的国际市场话语权。否则，我们有交不完的学费、受不尽的委屈。

（原载《人民日报》2006年8月13日第8版，署名剑武）

拍卖与销赃

几天前,又有一批原圆明园文物在法国被公开拍卖,其中的乾隆玉玺"九洲清晏之宝"以168万欧元成交。据拍卖图录介绍,这批文物为"瓦苏瓦涅将军收藏"。1860年前后,时任上校的瓦苏瓦涅为法国驻天津大沽军营的指挥官,也是率部攻入北京、攻入圆明园的英法联军指挥官之一。当年,他正是凭此战功而荣升准将。

当年的圆明园没有电子监控设备,我们看不到瓦苏瓦涅上校及其部下是如何在圆明园烧杀的。当年的失败者只顾及逃命,当时没有看清、事后也没有记录英法联军是如何在圆明园抢掠的。当年的胜利者面对如山的稀世珍宝早已双目如炬,事后也没有必要把战利品统统留给大英博物馆与卢浮宫。也许,瓦苏瓦涅上校的后人还能够像皮埃尔·贝杰一样，提供一份他们"合法拥有"圆明园文物的证据。也因此，主持这次拍卖的法国博桑 — 勒费福尔拍卖行也可以像老大哥法国佳士得公司一样，有恃无恐地发表一份声明，认为这些文物"并无交还中国的必要"。

但是，凡事得讲道理，这个道理的讲法就是我们和西方人都认可的逻辑。以逻辑推理，最有利于瓦苏瓦涅的说法是：这件乾隆玉玺不是瓦苏瓦涅及其部下在圆明园抢的，而是瓦苏瓦涅事后在北京的一家古玩店用真金白银买的；而北京的这家古玩店又是从一个上门兜售的陌生的北京老百姓手上收的；而北京这个不知是谁的老百姓是在圆明园玩耍时捡到这枚玉玺的……但是，这个一环扣一环的逻辑最终被推向死胡同，因为，高墙如山、门禁森严的圆明园是任何一个北京老百姓不敢靠近的，更不用说到里面随便溜达……因为英法联军攻进了北京城、攻进了圆明园，所以，英法联军没有掠走的，才被当时的宵小偷走，继而被附近的贫民百姓捡走。说到底，圆明园文物的流失，其罪魁祸首是积弱的清王朝与霸道

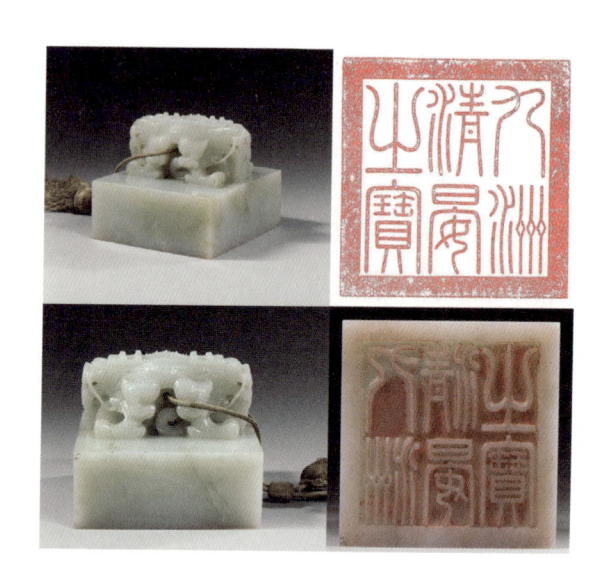

清乾隆玉玺"九洲清宴之宝"

的英法联军。说到底,无论是这次拍卖的乾隆玉玺,还是上次拍卖的圆明园兽首,都是圆明园的失窃物品,都是赃物,任何人、任何机构都不应当染指,除非你不讲公理、不论法理。

在圆明园流失的文物中,有一类是可以不在法律追讨之列的，这就是清王朝及其统治者作为礼品赠送给外国政府与个人的，不管这"赠送"是主动的，还是被动的。但是，这次拍卖的乾隆玉玺和上次拍卖的兽首一样，绝无送人之理。兽首是圆明园室外喷水池的设备之一，只是建筑构件，不称其为礼品。而这枚乾隆玉玺上面镌刻的是"九洲清晏之宝"，"九洲清晏"是圆明园的建筑之一，所以，这枚玉玺既不是乾隆的工作用玺，如交泰殿内的25枚御玺，也不是其赏玩用玺，如"乾隆御览之宝""乐寿堂鉴藏宝"等，而是皇家建筑与园林的镇宅之宝，也断无馈赠他国或他人之理。所以，这枚玉玺的离园、出境，一定是非法的，其所有人及其法国有关机构一定有"交还中国的必要"。

但是，他们不仅没交还，反而公开拍卖了，他们的依据不是人类共同认可的公理，而是他们把握先机制定的"公理"；他们的法宝不是人类共同遵守的法理，而是他们依靠实力制定的"法理"。"50年权力请求期"再一次让他们为所欲为，再一次让我们无可奈何。但是，我们不能让他们有恃无恐，我们自己更不能无所作为。

最少，我们不能仅仅停留在喊口号、表义愤的阶段。最少，我们不能再满足于当一个甩手掌柜，应当知道自己的家底，应当知道自己到底有多少东西被抢被盗。

我们不妨建立一个专门的网站，开列一份流失文物清单。

这份清单应当是全面的、充分的、随时更新的，因为战争失利而流失的文物、因为社会混乱而流失的文物、因为管理疏松而流失的文物、因为人员贪墨而流失的文物、因为利益熏心而流失的文物、因为心智愚昧而流失的文物、因为目光短浅而流失的文物，甚至包括那些存疑之物等，都开列出来，来龙去脉，品质数量，都公之于世，晓之天下，其目的是要让所有人在明里暗里接触中华文物之时，有一种声音可以明白无误地、义正词严地告诉之：且慢，此乃中华故物，得之当多查寻、细思量，否则，无异于销赃。

（原载《人民日报》2009年5月17日第8版，署名剑武）

书画伪证何时休

连日来,书画假鉴定,成为坊间热议的话题。在我看来,这是十分无奈的事。

中国书画博大精深,意境悠远,却不断被人搅扰。数千年书画史中,造假的身影,几乎从未消失过。以至于,中国书画在国际市场上,被学术界视为"畏途"。苏富比与佳士得等国际拍卖公司的拍卖图录上,都明确表达,对所拍卖中国书画真实性"免责"。这个"国际惯例",又被国内所有拍卖公司完整复制。所以,中国书画在艺术品市场,常常如一个浑小子,其"壮举"能赢得击掌叫好,其"劣迹"却没人承担责任。

学术界做了一些工作,但收效甚微。一些学术机构管理松懈,放任少数个人,利用公共资源牟取私利;一

名为《20世纪美术作品国家档案》的画册，虽然前期有国家的起动资金，却因为以收费为作品入选的前提条件，而滑入收费的邪道，被文化部中止。所以，被媒体称为"名也不符，力也不及"的"烂尾楼"工程

些博物馆下属机构对外开展鉴定业务，为了赚钱，指鹿为马；一些专业人士越界作为，信口开河；一些专业出版机构听钱摆布，在艺术大师的"全集"里塞私货。

还有，一些艺术家亲属出伪证，甚至提供让赝品进入市场的通道；一些艺术家的学生出伪证，所述的创作场面逼真，无从查证却难以推翻；一些史论界、鉴定界人士作伪证，头头是道，却大多为主观武断之词；一些拍卖机构及其人员作伪证，所提供的图录在"免责"的前提下，信誓旦旦。

这种失控的状态，致使一些不法之徒肆意而为，赝品丛出，假拍不断。收藏界为了防范赝品，聚焦于那些来源可靠、出版权威的艺术品，为真假问题大出其手，而不顾艺术水平的高低。这易攻难守的局面，已经影响中国书画市场的未来。

从中国书画市场的未来计，从中国书画创作的未来计，从中国文物与艺术品市场的未来计，从中国收藏业的未来计，从中国老百姓的高端文化生活需求计，吁请国家设立专项工程，建立中国书画乃至中国文物与艺术品的画家数据库。

这个数据库应当是清廉的，它可以为市场服务，但不能被市场操控；这个数据库应当是严肃的，其来源是清晰的，其手段是先进的，其方法是科学的；这个数据库应当是公开的，是经过讨论、推敲的。赝品让国家蒙羞，让市场受累，让大家吃苦，不能再这样任其折腾下去了。

（原载《人民日报》2011年3月25日第12版，署名本报记者邵建武）

收藏与赌博

在当下收藏中国书画,应当说是一件比较辛苦的事。劳累所在,就在于其中有不少拿捏不住的事。

这是一件所谓流传有序的古代名家作品,上面有清宫收藏的记录,诸如典籍记载、乾隆几大章盖着,甚至还有御题,连御题也有明确记载,但是,《石渠宝笈》或《秘殿珠林》只有文字记载,没有图片,谁能保证,上面记载的就是这张画呢?!

这是一件古代佚名的或是小名头画家的作品,从材料、题材、风格、水准和装裱方式考察,都可以确定其岁月不薄,但是,以往的典籍没有记载,前人的收藏没有痕迹,虽然它不时出现在境内外的或大或小的拍卖会上,且每隔三五年也上涨一次,甚至翻一番,但是,谁能保证，它一定就是那个时代的产物呢？！

这是一件近现代书画大师的作品，且发表于大师去世之前的出版物上，核对印章、线条、题跋、尺寸等，均无差异，但是，这些画册是20世纪三四十年代出版的，是黑白的，也就不能完全证明这张画出自大师手笔，谁能保证，这张画不是现在的人根据画册仿制的呢？！

这是一件近现代书画大师的作品，虽然上款人可查，二人的交往也有据，甚至还有可以传说的故事，且风格一致，例证较多，但毕竟作品尺幅很小，笔墨简单，绝对不是大师的重要作品，绝对没有体现时代风云，谁能保证，像这样一类应酬作品一定会随着大师力作的攀升而水涨船高呢？！

这是一件当代成名艺术家的作品，发表过，出版过，展览过，被人评论过，被人拍卖过，甚至有画家本人提供的真迹证书，但是，这画家还活蹦乱跳地活着，还不舍昼夜地画着，还成批成捆地卖着，谁能保证，这个画家还有多大的创造力，其作品行情还有多大的增值空间呢？！

张仃先生不是收藏家,但喜欢并推崇齐白石艺术。1950年,他不时与李可染一同去白石老人家,因之收藏了数件齐白石作品。这件《樱桃》于2010年中国嘉德秋季拍卖中,以2408万元成交,可谓天下最贵的"樱桃",系名家收藏之名品

这是一件当代艺术家的作品,甚至是艺术家当面馈赠的,或是从艺术家手上购藏的,但是,中国历朝历代出过多少艺术家,真正名留青史、物传后代的又有几人。谁能保证,到了后代手上,自己辛辛苦苦收藏的这些艺术家还是大名鼎鼎,最少还没有被人忘却呢?!

这么多的无人保证,这么多的无所适从,这么多的后顾之忧,所以,在中国文物与艺术品市场特别是拍卖业复兴的这近20年里,前半程,影响人们的思维与行为的,主要是这样一句话:"万一它是假的呢?!"那时候,多数人是审慎的,有的人依靠学习,因为知识就是力量;有的人依靠专家,请高人指点迷津;有的人不请专家也不学习,因为他有实力,他只买拍卖图录封面所登载的作品,把自己的未来与拍卖公司的诚信捆在一起。可是,有一天,人们从睡梦中醒来,发现:书本不可靠,有人用出版物造假;专家不可靠,有人有身份却无德行;拍卖公司也不可靠,其图录封面登载的作品也有假的,而且一些图录的封面成了拉页,上面有一堆作品。更重要的原因是,中国人似乎在"非典"那场噩梦之后，有了用不完的钱，都害怕失去机会，在不知不觉中，收藏让位于投资，所以，影响大家的是另外一句话："万一它是真的呢？！"

这句话导致的行为近乎赌博。于是，中国文物与艺术品拍卖市场有了一些"看不懂"：假的当真的买、小的由大的带等。

"真的当假的买，假的当真的卖"，这是中国古董业的一句古训，也是千百年来，此间人们博弈之所在。如今，一些人拿着古训不当回事，也放弃了博弈的权力，而搬用股市的套路，恐怕自己一步踏空，却忘了股市与拍卖的区别。股票内含的是一家上市公司的一切，包括资产、效益与市场，哪怕是亏损的，还有重组概念、壳资源等想象空间，而一件书画的身份如果无从证明，甚至是大家公认的"假画"，其翻身的可能性几乎等于零，以零胜率来竞投，无异于赌博。

如果一件作品有可靠的佐证，其价自然高企，且毋庸置疑。这几年，香港收藏家张宗宪提供的齐白石作品多数以千万元成交，因为其藏品来源可靠，且有个性。

去年秋拍,张仃藏画专场中,齐白石的作品均以两千万元以上成交,因为这种"大师收藏的大师作品"无疑具备美术史的意义。相反的例证则是,一些没有根据的大师作品也不乏竞投,如齐白石的那些有着明显不足的作品,虽不为人看好,却是纷纷成交;虽然身价不高,也是大几十万。几十万元人民币用在艺术品市场来赌博,指望有一天出现新的资料、新的研究成果来提高身价,这对于已经市场反复淘洗的近现代中国书画大师来说,似乎不可能。这种不可能性,也就证明了其赌博性质。

人们常说,收藏"这水太深",也就是说,其间有许多书要读,有许多事要理,有许多功课要做,有许多问题要想,妄想凭着运气来试探,凭着豪气来闯荡,凭着财气来横行,可能得一时之势,却一定会在未来的某一天补交上血本的,但愿他们届时能潇洒地一抖长衫,飘然而去,不留下一声叹惜。

(原载《人民日报》2011年5月8日第8版,署名剑武)

鸡犬升天即泡沫

应当说，任何一个市场，包括中国文物与艺术品市场，自其启动之日，便有泡沫存在，只是这泡沫有大小之分，有多少之别。

我有一个台湾朋友，1994年春，在北京一个拍卖会上，买了一位老画家的一张小品，花了2万多元人民币。十几年后，他把这张画又拿来北京拍卖了，成交价和当初的数目相同。赔了不少的他还自我解嘲，"如果算上人民币的升值，我还是不赔的"。

他的这种自我安慰可以说是艺术品市场中的泡沫之一。这些小泡沫在没被识破之前，也是有体量、有光泽的，甚至被各拍卖公司的图录批注得颇有吸引力与说服力。

——"这不是艺术大师的代表作，但是他的难得一见的精品。"其言下之意是:这件作品虽然没有出版过、发表过、展览过,也没有为艺术史论评介过,但你不要斤斤计较,大师生前没有著录的作品多的是。因此,中国近现代艺术大师的作品越卖越多,其增加幅度到了令人吃惊的地步。

——"这不是艺术大师的大制作,尺寸虽小,却是颇有张力,丝毫不影响它在大师作品中的地位。"其言下之意是:这件作品虽只有巴掌大,但毕竟出自大师手笔,所谓宰相门人七品官是也。于是乎,一些艺术家的收据、便条、短信出现在拍卖会上,成了特殊的艺术品,有的甚至为出让者装裱成了册页。古色古香的形式下是一些鸡毛蒜皮的人情往来、家长里短。经手者能不能从中得到美的享受,却是一件存疑的事。

——"这不是艺术大师的精心之作,但中国艺术既有墨色淋漓的传统,也有逸笔草草的传统呀!"其言下之意是:艺术大师的一生身体没有不爽不快的时候、情绪没有起伏波动的时候、心情没有压抑不畅的时候、学习没有困顿不解的时候、创作没有停顿不前的时候、工具和材料没有不得心不应手的时候……那些敷衍之作、应酬之作、败笔废品，其实是艺术大师的别开生面之作，是艺术大师有意为之的。就这样，一些后辈在为其父辈作品题写边跋时，一些鉴定家为大师小品开具证书时，不仅多有溢美之词，还常常从中国文化传统中找根据，吹得天花乱坠。

如果说，豆腐卖的是豆腐的价钱，肉卖的是肉的价钱，这市场还是正常的、规矩的、可以依赖的，但是，在这些年来的中国文物与艺术品市场中，不仅艺术大师的成名作、代表作、精心之作价格不断攀升，几至天价，他们的许多一般性作品，包括出道之前的摹品习作、应付市场的复制品、参加笔会的急就章、有着明显毛病的失败之作，也是水涨船高，价格连年上蹿。在齐白石的代表作不及毕加索中等作品价位的当下，其末端作品却不亚于毕加索的一般作品，那些不靠谱的齐白石作品价位也高于毕加索版画作品，这现象无异于一人得道，鸡犬升天。

这让人联想到当年的日本艺术品市场。20世纪80

年代中后期，日本经济到了雄视天下的程度，日本企业家在银行业的鼓动下，大举进击艺术品市场，在全世界范围内收藏西方印象派大师的作品，凡·高、莫奈、塞尚、雷诺阿的一些重要作品纷纷以创纪录的方式涌入日本。同时，这些大师的末端作品和印象派风格三四流艺术家的一般性作品更是为一些小企业与个人收藏家如扫落叶般收入囊中……未曾想，日本经济的泡沫不几年便开始大量破裂，企业倒闭、市场萎缩、银根收紧、债务缠身等让日本艺术品购买力一落千丈。那些艺术大师的经典作品，如凡·高的《向日葵》《鸢尾花》等，是万顷波涛上的巨轮，尚有岿然不动的气势；那些随着大流进入的平凡之作却是小舢板，风雨飘摇中不堪一击，其所有者难免遭灭顶之灾；那些一度为人供为神圣的作品不久为银行业收回，成了食之无味弃之可惜的鸡肋。

传说中的淮南王家里的鸡犬因食了丹药而随之得道升天，无论出自何人之手的一般性作品的平凡气象却是命中注定的，不会有翻身之时，因此，进入中国文物与艺术品市场的人们无论是收藏，还是投资投机，都得有一

2007年秋赴日本考察艺术品市场，于某仓库所见日本人待售之凡·高油画《牛》，开价1500万美元

个细心的甄别之时、精心的定位之际，万不可盲从，切不可盲动，用通俗的话来说，就是：好东西卖好价钱，次东西卖次价钱；理想是以次价钱买好东西，但不能以好价钱买次东西。否则，鸡鸣犬吠之时，正是梦想破灭之际。

（原载《人民日报》2011年7月24日第8版，署名剑武）

拼命与拼缝

正是壬辰,是谓龙年,龙之力量可以摧枯拉朽,以至排山倒海,所以,想到了当下的中国文物与艺术品市场,想到了那股使其发展以至繁荣的力量、那股一往无前以至泥沙俱起的力量——这些年,内地的拍卖公司把彼此的竞争,最终归结为拼比成交额,致使这市场的发展走上了山道,而有了去年秋季拍卖会大量流标之尴尬。

想当年,北京翰海凭借其北京市文物公司的家底,后发制人,多年以成交额雄踞内地中国文物与艺术品拍卖的榜首。后来,中国嘉德迎头赶上,有许多年,其年成交额在内地市场稳坐第一。再后来,香港的苏富比与佳士得落后了,伦敦的苏富比与佳士得落后了,纽约的苏富比与佳士得落后了，中国嘉德在中国文物与艺术品拍卖方面排在全球首位了。就在这个当口，大家都没有想到，北京保利这位后起之秀，身量陡长，在场成交额、季成交额、年成交额上都超过了中国嘉德，因此而引来了中国拍卖行业协会去年公布各公司的各项指标，其中包括成交额与交税排名；也引来了几家公司相互间明里暗里的指责，包括拆台；也引来了收藏界的一些话题，包括主题与副题、正题与负题。

多年前，我们曾经呼吁公布中国文物与艺术品市场中各公司的各项指标，包括成交额、交税额等，一直没有下文。去年，中国拍卖行业协会虽然没有公布交税额，但公布了交税额排名等数据，这是一大进步。多年来，随着市场的繁荣，各公司之间的竞争已然激烈，其中的手段有高有低，方式有明有暗，效果有大有小，风格有柔有刚，品质有优有劣……对此，大家基本上是听之任之，对于其中的诡诈无聊处，也大多一笑了之，顶多说说而已，但是，对于其中涉及公众利益者，窃以为有讨论之必要。

各拍卖公司虽然体制不尽相同，风格不尽相同，但其工作流程则基本一致，也就是征集、整理、拍卖三部曲。各公司的竞争自然从征集开始，因为拼的是成交额，征集阶段的竞争尤其激烈，又因为其中的手法无奇不有，其情形有时则无比的热烈，几近闹剧。一些大的收藏家府第，各拍卖公司是常客，甚至有撞车与屋外排队的现象，这也属正常。面对一些好卖的文物与艺术品，各拍卖公司竞相抬价，提供优惠条件，从而使一些持有人觉得奇货可居，狮子大开口，这也属正常。但是，因为竞争而使用下三滥的手段，造谣生事，诋毁其他公司，则有失厚道；对于持有人的漫天要价，而不就地还钱，完全不顾业务的基本进程与社会的心理承受能力，则有失才智。

市场经济条件下，竞争难免，但是，这竞争不是现象，而是机制；是游戏，但有规则。你可以通过非常手段，拼掉现在的竞争对手，但另一个竞争对手会应运而生，所以，无论你是什么公司，无论你有什么背景，无论你用什么手段，都必须遵守相应的法则，这法则包括国家大法、行业规定、社会常礼、传统习俗等。如果你不顾一切，以拼命的方式来挤垮竞争对手，其倒闭之时也可能是你倒台之日，其间的时间差不会太大。想清楚了这点，我想，大家会心平气和一些的，把主要精力用于加强眼力，提高服务，培育市场，使一家赢成为大家赢。

从几家公司的拍卖图录看，有些以收藏家堂号出现的专场，实际上是画廊主、古董商、文化公司、投资机构的手笔，这种大单收货的方式，虽然减轻了拍卖公司征集工作的负担，也在一定程度上保证了拍品的学术与艺术质量，却控制不了那些中间商人的欲望，他们的运营成本比较高、变现要求比较高、利润要求比较高，这一系列的高必然导致拍品的估价偏高，甚至过高，性价比很不合理，这也是这些年人们对于中国文物与艺术品市场的评估中，"泡沫"之声之所以不绝于耳的原因之一。面对这以命相搏的局面，笔者想到一个词：拼缝。

拍卖公司的工作简单而言，就是中介，就是拼合、拼接、拼凑，但我更愿意用"拼缝"这个词。虽然拍卖公司所收佣金不菲，但还是希望在卖家与买家之间，拍卖公司的中介工作似春风化雨般及时，有如坐春风之畅快，如行云流水般自然，就像一名精细的工匠，把双方乃至多方的要求、愿望等拼缀一起，各得其所，否则，你以低价伤害了卖家，从此，你找不到可心的拍品；或者你以高价伤害了买家，从此，你得不到大家的捧场；无论你伤害了卖家还是买家，你都伤害了市场，也就伤害了公司与你自己。一个有志于事业的从业者，一个有志于长远的公司，是不是已经从这些年的拼命中，领教到了彼此伤害的无边？是不是已经从这些年的拼命中，体会到了欲望不可控制的无奈？是不是应该从这些年的拼命中，发现自己工作本真的丢失？是不是应该从这一系列的缺憾中，从此树立只做中介、做好中介的理念与信心？！倘再如蛟龙一般，腾云驾雾，翻江倒海，这理应温文尔雅的文物与艺术品市场就显得有些急躁、鲁莽，并因此从崎岖的山道而转入漫长的弯道甚至歧途。

（原载《人民日报》2012年2月12日第8版，署名剑武）

一边干着　一边看着

如果我是一只猴子，我就会说"一边干着，一边看着"。这就是当前中国文物与艺术品市场中一些从事鉴定工作的人士与机构的基本想法与行为方式。

他们有的是国家相关部门中的人员，甚至是国家公务员，按单位的规定，他们个人不能从事与本专业有关联的文物与艺术品收藏。这是以前的规定，虽然没有以白纸黑字的形式加以改变，但是，现在已经进入全民喜好并进行收藏的年代，他们也在"全民"之列，自然也可以"喜好并进行收藏"，只要不四处大张旗鼓，只要不参与挖坟掘墓，只要不亲手制假贩假。当口袋因此而充盈起来、家庭因此而富裕起来、老婆孩子因此而欢笑起来，特别是当单位对此睁一只眼闭一只眼时，他们便乐此不疲了。

他们是国有学术机构的人员,特别是那些研究员或者教授,上班的时候,他们的知识学问属于单位,属于国家;下班以后,他们的知识学问属于谁?对此没有硬性规定,也不好规定。因此,在社会、家庭与内心欲望的怂恿下,他们的知识慢慢地由学术层面进入市场层面,参加民间举行的商业性学术活动,并进一步走到前台,给人掌眼挑东西,给东西开证书,甚至到了让家属子弟开公司、自己在后面提供学术背景与学术支持的地步。虽然因此而造成赝品证书满天飞(绝大多数真品不需要证书),广为人们诟病,他们也依旧四处神游,无人管束。

在这些年里,他们的行为成为了探索,成为了榜样,不仅他们的同事步其后尘,甚至他们所在的单位在多年"贫困交加"的重压下,不仅默认了他们的违规行为,甚至以单位的方式、以学术的名义,在"文化搭台"的堂皇口号下,也随之开始了有偿性的学术活动,也接受了商业机构与人士借用其名义、场所、学术力量与学术权威进行的合法与违法的商业活动,假画、假字、假文

故宫博物馆原副院长、玉石专家杨伯达等 5 名文博界人士，隔着玻璃鉴定一件金缕玉衣，拿了鉴定费，即联名签署一份价值 24 亿元人民币的证书

物在假鉴定的支持下，堂而皇之地行世，曾经严整的学术厅堂在一段时间的冷清后，突然人来人往，买卖兴隆，文物与艺术品的清氛之下是红尘滚滚。

有关部门的人员何以如此有恃无恐，学术机构的人员何以如此我行我素，国有机构何以如此不识大体，因为他们都是猴子，他们在等着权威部门"杀鸡"！

自国家文物鉴定委员会成立以来,国家文物局在多次颁布的《国家文物鉴定委员会管理规定》中要求:当选委员要"热爱文物保护事业,遵纪守法,具有良好的职业道德。实事求是,以国家利益为重";并规定"未经国家文物局许可,不得以本会委员身份执行文物鉴定任务;不得以本会委员名义开具鉴定证书。与国家文物鉴定委员会无关的个人行为,须自行承担责任"。国家文物局领导也多次表态,希望国家文物鉴定委员会委员不要私自参加市场中的鉴定活动,如果不遵守规定,决不姑息,予以除名。可是,规定归规定,劝诫归劝诫,杀鸡之声不绝,鸡毛倒不见拔一根。

去年年底,国家文物鉴定委员会某委员被传出参与"市场性文物鉴定",其参与签署的鉴定证书被"市场性运作",给国有银行造成巨大经济损失,北京市第一中级人民法院一审判处此案件中以假"金缕玉衣"行骗的嫌疑人与银行相关人员无期徒刑。与此特大文物赝品骗贷案相关的几位文物鉴定专家虽然不一定要承担法律责任,但其学术不端一定要受到谴责。如果报载的那起文物制假骗贷案成立，按照《国家文物鉴定委员会管理规定》的相关条款，那位委员理应被"予以除名"，也就是说，给国家与人民利益造成巨大损失事件相关的人士不能毫发无损。国家文物局总是扬言"杀鸡"而不动刀，便难以服众，便难以说是履职了。

如那位专家这般权威参与"不权威"、甚至可以说"不体面"的文物鉴定活动并不是近期才出现的，也不仅仅是发生在他一个人身上或几个人身上，随着中国文物与艺术品市场的进一步发展，许多大大小小专家"未经许可"参与的商业性鉴定活动"成果"都会浮出水面，而这些"成果"对于中国文物与艺术品市场严重存在的"制假贩假拍卖假"现象负有不可推卸的责任。

中国文物与艺术品市场中"学术不端"的乱象理应在国家文物局的率先垂范下得到清算、整顿与净化。作为中华人民共和国文物事业的大管家，国家文物局如果总是不杀鸡给猴子看，猴子就不一定会好好地给你看家。

（原载《人民日报》2012年4月22日第8版，署名剑武）

可怕的是不怕

在当下的中国文物与艺术品市场,可谓赝品猛于虎。可是,这吃人的"老虎"怎么就有人不怕呢?!

在一些大拍卖公司,包括国际性知名大拍卖公司的春秋两季大拍中,赝品不能说多,但也是虎影憧憧。如此,仍有人将其中的"老虎"牵回家,因为:著录凿凿、流传有序的物品已经少见或其价甚高,这些大公司的拍卖纪录有可能成为新的著录。最少,这些大公司的身价是高昂的。但是,许多人并不知道,目前这些大公司多数年数尚小,且成分不一,有些人、有些公司对于自己羽毛的热爱还没有达到不顾眼前利益的程度,所以,对于这些大公司,大家也不可掉以轻心,不能盲目轻信,一定要分别对待,慎重处之。

在一些小公司的春秋大拍上或大公司的小拍上，不客气地说，"老虎"可是四处可见，有些放肆地卧着，有些慵懒地趴着，有些悠闲地走着，但是，其目光无不凶恶，但是，只要价位不高，多有人拉缰套笼。这些人如此粗心胆大，只有两种可能，一是这钱不是他们的，二是他们的钱来得容易。

如果是国家与公司的钱，有严格的财务制度管着；如果是私人的钱，有所有者的眼睛盯着，所以，用别人的钱来拍卖现场随意举牌交学费的人微乎其微。不过，这数量极少的人有些可是运用巨额资产的，也就是银行贷款。他们风闻文物与艺术品投资效果极为显著，他们风闻文物与艺术品投资的门槛高在资金而不是学术，所以，他们运用在房地产、风险投资方面的手法，斥巨资入场，大手笔竞投。大势向上时，他们一举成功；大势平缓时，他们自然吃紧；大势倘不好，他们便资金链断裂、墙倒众人推。他们有的因此破产，有的因此而服刑，有的甚至因此而走上了断头台。由此我们有必要重申这样一个古训：人算不如天算。自以为聪明过人、心存侥幸的人慎入文物与艺术品市场。这个年成交额不及股市一天出入资金的市场有一个特殊之处,就是在多数情况下,变现能力较差。不是自己的钱,不是多余的钱,不是来路明白的钱,不要随便投入这个市场,更不能全然不顾学术与艺术的权威性而因钱使性耍威风。

比比皆是的则是那些钱来得容易的人。这给钱的人不是自己的父母兄弟姐妹,也不是自己的同学同事同乡,而是有求于自己者,用法律语言来说,即他们是利益相关者。他们有投资项目需要自己批准,有贷款申请需要自己审核,有赚钱欲望需要自己满足,或者自己的父母兄弟姐妹同学同事同乡能够帮助他们完成上述工作,或者他们以金钱来置换自己的青春与美色。当然,真正在拍卖现场花钱如流水的,大多不是阔少、"小三"与贪官本人,而是那些投资人与申贷者。他们不论真假,从拍卖公司举得一两件在社会上名头响亮的艺术家作品,再附上拍卖公司的正式发票,马不停蹄地送进"深宅大院"。由此,他们获得远比这买假投入巨大的回报。所以,我们在高喊拍卖市场打假之时,应当从另外一个源头下手,也就是反腐。没有更大的利益驱动,谁还会明知山有虎,偏向虎山行?!

因为权威著录的缺失而以拍卖公司的声誉来博未来是经不起风浪的,因为资金是别人的,且以博彩的方式来投资文物与艺术品市场是经不起折腾的,因为不是现金行贿便可以胆大妄为是经不起法律与时间的考验的,更为重要的是,对付赝品的最有效、最长久的手段是学习学习再学习。可怕的不是赝品,而是不怕赝品,而是对于赝品的无视与无知。

(原载《人民日报》2012年6月24日第4版,署名剑武)

有这么些老人

这些年,在中国文博界,有一些老人比较忙,也只有这些老人比较忙,为何?

全国有十几家电视台开播了文物与艺术品的鉴赏节目,他们被制片人或主持人邀请出场。

全国有几十家各类杂志转换成了文物与艺术品收藏类专业读物,还有些或真或假在香港注册的这类杂志,他们被主编们邀请做顾问。

全国有上百家报纸开设了文物与艺术品收藏类专版,他们被编辑们邀请主笔或开栏。

全国有数百家从事文物拍卖的公司,每家公司得有五个文博界专家,他们及其子弟被邀请凑数填空。

全国每年有上千场文物与艺术品拍卖会,他们被拍卖公司邀请指导或捧场。

全国每年有几十万件文物或艺术品拍卖，他们被各方人士邀请掌眼把关。

全国每年有数百亿资金投入文物与艺术品收藏，他们被各色机构邀请指导定位。

全国有数以千万计的人投身于文物与艺术品收藏，他们被视为导师与救星。

有许多的知识需要他们传播，有许多的问题需要他们分析，有许多的迷惑需要他们解答，有许多的骗局需要他们揭露，有许多的赝品需要他们指证，有许多的争执需要他们审定，甚至有许多的空白需要他们填充……

他们忙得过来吗？不要紧，他们有人工作认真负责，但也有人敷衍了事；他们有人一言九鼎，但也有人信口开河；他们有人学以致用，但也有人不懂装懂，四处走穴，敢于救场；他们有人热心公益，但也有人见钱眼开……没有钱的事，如果不是国家点将让主持、单位执意让参与，他们中不少人是不太上心的，甚至是请不动的。

他们忙得过来吗？不要紧，他们可以身兼数职，到处当顾问,可以顾而不问,甚至可以不顾不问。他们可以四处飞翔,现代交通使他们上天入地异常便利,而且,他们即使到了现场、面对实物,也可以不上手,隔着玻璃柜,他们便可以为"上亿"的物件下结论;打开半尺,他们便知道千年书画的真伪。他们还可以跨行越界,可以越俎代庖;看古代书画的,当然也知道近现代书画,反正都是书画;看玉器的,也可以看瓷器,反正都是器物。

更重要的是,他们有非忙不可的事。因为,他们有儿女开着文物与艺术品的经营公司,有家族的生意需要打理;他们有子弟参与了文物与艺术品拍卖公司的业务,他们得提携"后进";他们自己有作品被邀请在收藏类报刊上发表、在拍卖公司待拍卖,他们必须莅临拍卖会预展现场指点证明;他们中甚至有自己的藏品被安排上拍、被推崇成重器,他们必须赤膊上阵,王婆卖瓜自卖自夸。文物与艺术品市场这些年来的金钱效用致使文博界四处不宁、有人为老不尊。

我们也有可爱的老人一直保持着他们的人生品位与学术良知。可是,社会的需求太大了,市场的诱惑太大

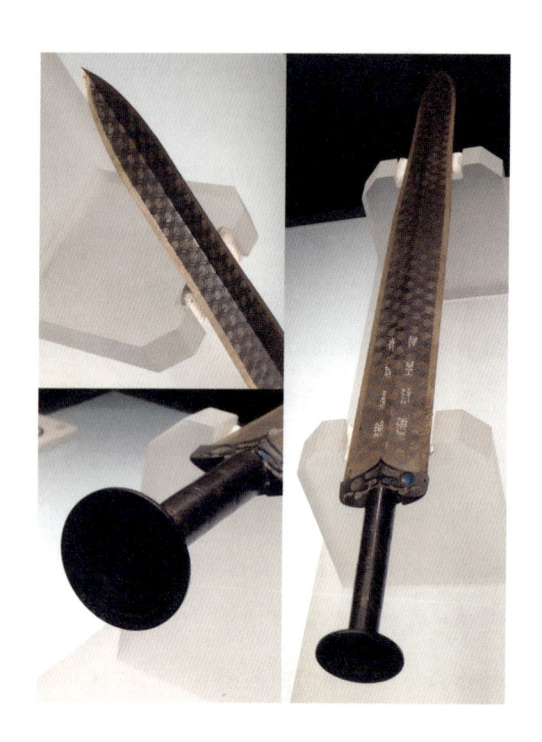

曾经有鉴定家从地摊购得"越王剑"并捐赠国家，被婉拒

了，家庭的压力太大了，久而久之，那些不愿出门作秀替人设套的本分老头没人请了，那些不愿意说假话空话套话的倔强老头没人请了，那些死要面子活受罪的书生老头没人请了，而另外一些老人，则顺坡下道，半推半就，明推暗就，甚至满心欢喜地求之不得地忙碌开来。更何况，有关部门规定，从事文物拍卖的公司，必须有五位60岁以上、70岁以下的文博界副高级职称以上的人士担任专家。这是国家文物主管部门为自己下属退休生活准备的一份大礼，由此，原本人丁不旺的文博界这时候可是人才济济，原本有些冷清的文博界这时候可是欢呼雀跃。

这份大礼于法如何、于理如何、于情如何，是需要讨论的，不然它何以一直为各方人士诟病呢？大家指责的理由不少，最关键的一点是：国家文物主管部门是依法行政，怎么把手伸到所有权形式五花八门的公司的人事安排呢？而指责之的事实依据是：这些被国家文物主管部门"安排"到各拍卖公司的专家绝大多数是挂名的，少数几个动手的干的大体也是私事。现在，给拍卖公司介绍"专家"已经出现了黄牛党,有中介费,更说明此"政策"之不妥。

其实,文物与艺术品市场中的许多课题,需要文物、法律、历史、艺术、文学、经济、自然科学各方面的专家参与会商讨论,不能单单指望文博界的专家,也不能单单委托文博界的专家,更不能通过行政的方式规定非文博界的专家不可。学术方面的垄断一方面也会产生腐败,另一方面则会阻碍学术进步,中国文物与艺术品市场的进一步繁荣十分需要健康的学术与学术的进步。

(原载《人民日报》2013年8月4日第12版,署名剑武)

柴门不能洞开

随着中国经济起飞,失散的中国文物开始回流,西方的艺术品也开始为国内的机构与人士收藏,香港苏富比与佳士得正在抢滩中国的舶来艺术品市场……

这是一个令人欣喜的事,但随之而来的一些现象,却令人有些纠结:柴门为谁而开?

想当初,大家学习西方美术史时,手头只有印刷质量不高的画册。后来,国门渐开,可以到国外看西方美术的原作了。看到了庐山真面目,也就有了深切体会的可能,甚至有了评头论足的可能。所以,当中国美术馆接受德国路德维希的捐赠,且为人诟言时,我们曾经为之摇旗呐喊过;当中国艺术博览会里出现了外国画廊、北京华辰拍卖公司出现了西方艺术品专场,我们曾经为之振臂欢呼过；当中国的企业或中介机构走出国门，把罗丹的雕塑、雷诺阿的油画买回家时，我们曾经为之欢欣鼓舞过……我们曾经高高在上，但我们也曾经一落千丈；我们曾经四通八达，但我们也曾经闭关自守；我们曾经耳聪目明，但我们也曾经头昏眼花；我们曾经活力四射，但我们也曾经沉疴难起……因此，无论来自何方，无论何种方式，只要是各国优秀的文化遗产，我们都应有拿来的勇气与拿来的必要。中国，是一个泱泱大国，应当有海纳百川的胸怀与力量，更何况，我们目前拥有的开阔，是这三十年艰难改革、执意开放的成果，来之不易！我们一定要珍惜，一定要坚持，所以，我们应当从政策、法律包括税收等方面，为外来美术的进入开方便之门。

柴门必须开，可是，为谁而开呢？或者说，我们的机构与有关人士应当收藏什么样的西方艺术品呢？在这方面，我们要汲取日本人的教训。当年，日本经济后来居上，俨然世界老二，财大气粗，雄睥四方，于是乎，日本的财团及其经纪人频繁出现在欧美大小拍场，频繁光顾欧美大小画廊,频繁参观欧美大小博览会,频繁举牌竞投,频繁签约洽购,西方古典艺术品绝大多数在西方的博物馆里珍藏着,难得外流,所以,从塞尚开始的西方现代艺术品,无论尺幅大小,无论品相好孬,无论质量高低,能拿的一律拿下,千方百计拿下。那时的日本人唯恐东西被他人买光了,自己的一只巨脚在艺术品收藏领域踏空!在他们看来,钱是花不完的东西,艺术品却是极其有数的。可是,不到二十年光景,除了塞尚、凡·高、毕加索、亨利·摩尔等人的重要作品,那些大师的一般性作品、那些一般性画家的重要或不重要的作品便随着日本经济热潮的冷却而成了烫手的山芋。烫手的山芋冷却了,是可以吃的,可是,那些价值不高的艺术品即使一而再再而三地降价,依然没有人接盘。值得注意的是,摆在我们面前的拍卖公司图录中,所有的拍品似乎都有着无与伦比的价值。这些所谓的价值正是当年引导日本人全力以赴的"诱饵"。所以,中国的机构与人士在收藏西方艺术品的时候,一定要重视其品质,在其本土没有地位的,在中国也不会有地位,因为这地位不仅仅是名头的大小，也是其美术史的地位——人的地位和作品的地位，缺一不可！

此外，我们有必要讨论收藏成本的问题。一般而言，中国美术史是中国人写的，西方美术史自然是西方人写的，我们在收藏西方艺术品的时候，自然要依托西方美术史的研究成果，但是，我们不能迷信之，更不能被西方的画廊老板牵着鼻子走，尤其不能承接他们所转嫁的危机。在中文印刷的图录中，西方艺术品的估价远比外文图录的高，最为突出的例证是欧美画廊与拍卖机构正在强势推广的安迪·沃霍尔。他是20世纪美国最有影响力的艺术家之一，但是，他又是生产艺术品的"一台机器"。据说，其存世作品达50万件以上。中国的齐白石福足寿高、一生勤勉，作品存世大概是3万多件，远不及安迪·沃霍尔。齐白石作品的真假莫辨令国人头痛，安迪·沃霍尔作品的存量巨大则令欧美人头痛。现在，欧美画廊与香港拍卖机构不停地大量地推销着安迪·沃霍尔，且价格很高，因此，我们有必要提醒大家，安迪·沃霍尔的存世作品是一个海量，也可以说是一个无底洞。

咱们再有钱，也不能往这无底的沟壑里填。

我们依旧是一个人均财富水平很低的国家，依旧是柴门低矮，但绝非家徒四壁，为了建设与发展，我们要打开柴门，但是，柴门不能洞开。

（原载《人民日报》2014年7月20日第12版，署名剑武）

拍卖公司征集作品时有没有道德标准？

各方人士收藏作品时有没有道德标准？

艺术品市场中唯利是图的倾向，让人不得不说：

有的痛是永远的

—— 对汉奸作品拍卖的考察

这些年，记者多次耳闻，有人士给北京的几家拍卖公司建议：能不能不再拍卖郑孝胥的作品。每次，都得到了积极的口头答复，但却不见真正的落实。在拍卖现场，不仅郑孝胥、周作人、胡兰成等身兼文化人的汉奸之书法大行其道，汪精卫、陈公博、周佛海等"纯"汉奸的手迹也时现踪影，让人费解。

沉渣何以泛起

1992年10月，中国大陆出现艺术品拍卖。1993年6月，郑孝胥的书法对联便出现在上海某拍卖公司的首届拍卖会上，汪精卫的行书立轴更是以高于估价上限60余倍的价格受到追捧。1994年11月，周作人的手稿即出现在北京某拍卖公司的秋季拍卖会上，并成交。陈公博、周佛海、胡兰成的作品也在这几年开始进入拍卖。这些当年因附逆叛国而为万人所指、如今依然为人所不齿的民族败类，其书法与手迹为什么会得到拍卖公司的关注、得到收藏界的眷顾呢？应该说，各有各的原委，各有各的说法，值得探究。

郑孝胥1860年生于福建闽侯县，清末任驻日本大阪等地总领事和湖南布政使，1924年任小朝廷总理内务府大臣，20世纪20年代末30年代初成为伪满洲国的主要筹划者和干将，曾任其国务总理兼文教部总长、军政部总长，1938年病卒于吉林长春，因此而逃过历史审判。郑孝胥工诗擅书，是清末诗派"同光体"的重

图1　这件铜制砚盒为汉奸郑孝胥贺人寿辰之物,其落款时间为"大同二年"。"大同"为伪满洲国的第一个年号。此砚由长春的伪满皇宫博物院收藏尚可,遗憾的是,卖家与拍卖公司将之与齐白石等艺术家名下的砚台合为一个标的,让人收也不是,却也不是

要倡导者之一；其书法取径欧阳询、颜真卿与苏东坡，后着力魏碑，有着鲜明的个人风格，"既有精悍之色，又有松秀之趣"（沙孟海语），在民国初年书法界影响不小。郑孝胥的作品多年在坊间流传，也有人仿造之，新中国成立后渐次销声匿迹。自20世纪90年代起，随着学术界与出版界对于郑孝胥书法成就的肯定，其作品开始进入大陆艺术品市场，于诧异中越卖越贵，于呵斥中越卖越多，数量多以千计，行情不让甚至高于同时代书法大家李瑞清等。

周作人作为作家与鲁迅先生的弟弟，其知名度很高。周作人是五四新文化运动的代表人物之一，一生创作、译作数量巨大，成就不菲。其散文风格平和冲淡、清隽幽雅，影响了包括俞平伯、废名等作家，在20世纪20年代形成了一个重要的文学流派。1937年抗战爆发后，周作人没有随北京大学南迁，蛰居于日本侵略者翼下，1939年更是公开投敌，任汪伪南京国民政府委员、伪华北政务委员会常务委员兼教育总署督办等职，1947年被南京首都最高法院审判"处有期徒刑十年，褫夺公权十年",1953年被北京市人民法院判处剥夺政治权利,1958年他向北京市西城区人民法院申请恢复选举权未获批准……新中国成立后,周作人以笔名写作与鲁迅先生有关的史故和翻译养家,"文化大革命"中受到冲击,1967年离世。20世纪80年代,大陆开始出版他的各类著作,一发而不可止,即至胡兰成作品的出版,人称"汉奸文化现象"。周作人于书法只是幼承旧学,并无成就,作为作家书法、名人手迹,多受追捧。不久前,其行书单件拍卖成交价高达20多万元,令人吃惊。

胡兰成因为当年的那篇"战难,和亦不易"的社论,颇得汪精卫的赏识,后成为汪伪政权的宣传部次长兼法制局长。抗战胜利后流亡日本,1974年返台。近年,其与张爱玲的短暂婚姻得到大家关注,其书法作品于2005年开始出现在大陆艺术品拍卖中,虽无人能断其真假,成交率却高过80%。

汪精卫、陈公博、周佛海都是20世纪上半叶活跃的政治家、国民党要员。汪精卫更是于1910年谋杀清摄政王载沣未遂被捕而扬名天下。抗日战争爆发后,他们先后投敌,于南京成立以汪精卫为首的伪政权,为天下人诅咒。汪精卫1944年病死于日本。陈公博1946年被处决。周佛海后改判无期徒刑,于1948年病死于南京狱中。汪、陈、周三人都是职业政治家出身,虽然天资不低,且常年把笔,于书法毕竟没有多少造诣,何谈成就?其手迹之所以进入拍卖,并为人所藏,还是因为其为历史人物,有一定的社会知名度。因此,有识人士多有质问。

不为人间造孽钱

本来,当下乃市场经济,从事文物与艺术品拍卖的虽然大多是文化界人士与学子,毕竟在商言商,企业以营利为目的是无可厚非的。但是,能唯利是图吗?

无论中外,任何公司都应该承担相应的社会责任,任何一家文化公司都应该承担一定的文化责任。这种责任既要体现为公司正常经营中的遵规守法、照章纳税,也要体现在公司自主运行中的外在形象、价值观念与文化背景。

所以，我们有必要考究有关汉奸书法拍卖的是非曲直。

中国历史上，其实不乏先例。宋代政治家兼书法家中，有两位蔡姓人士，一为蔡京，一为蔡襄，虽然后世关于蔡京的书法时有高评，甚至危及对于蔡襄书法成就的评价。但是，"宋四家"人选的确定与排列，从南宋即是今天公认的"苏东坡、黄庭坚、米芾、蔡襄"。对于蔡襄书法的褒贬，无论何时何人，都同意这样的说法：蔡襄人品高于蔡京，故无论如何，人们都愿意"取襄舍京"。如此取舍不仅保持了书学传统的纯粹：书品即人品，也保证了道德标准的一统：厚德以载物。人们关于书法和其他艺术及其艺术家的评判中，都包含有艺术与非艺术两个方面的因素。艺术方面，着重关注其书法造诣、对时代的号召力以及对后世的影响力等；非艺术方面，则是其社会地位的尊卑、人品的高下、其他学问的优劣以及师承关系的强弱大小等。社会清明时，这种评判可能宽松些。若处在非常时期，这种评判会十分严苛，甚至走向极端。

如今，社会稳定，政治宽松，可以纠正历史的失误，可以抹掉历史的遮蔽，可以抖清历史的纠葛，可以一是一、二是二，可以不为贤者讳也不为恶者讳，所以，我们可以拍卖和收藏赵孟頫、王铎的作品，因为对于他们当年的"投靠异族"（赵事元、王事清）我们有了新的认识，元朝和清朝只是少数民族当政，而非异族入侵；我们也可以拍卖和收藏袁世凯、胡汉民等人的手迹，因为时间让我们对他们的认识冷静些、客观些；甚至我们也可以拍卖和收藏郑孝胥在投敌叛国之前的书法作品，可以拍卖和收藏周作人、胡兰成"作人"时创作的手稿，但是，对于他们"作鬼"时的故作矜持，对于汪精卫、陈公博、周佛海等人附逆时的丑行遗迹，便没有必要也不应该识之为宝，而四方征集、精制印刷、隆重推出了。如果说，这些汉奸败类的书法都被有关机构和研究人员收藏，作为了史料而物归所在，也就罢了，问题是汉奸书法的拍卖量如此之大、收藏面如此之广，到了理应棒喝的地步了。

　　当然，这种棒喝应当是理性的，所以，我们可以给

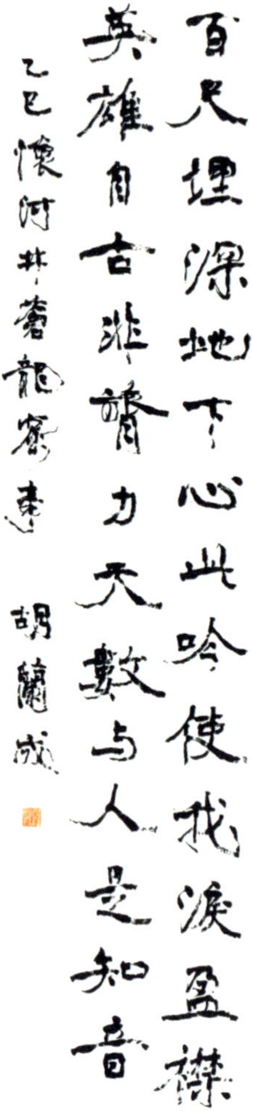

图2 汉奸胡兰成1965年所作的这件作品为其感怀诗,言道:"英雄自古非膂力,天数与人是知音。"由此可以推导出,其为汉奸亦是"天数"。这样为自己附逆行径解脱的作品,有谁以重金收藏呢

拍卖公司和收藏者算算细账。

据雅昌艺术网统计，至今，周佛海的作品交付拍卖的有4件，只有1件是作为一本册页的一部分，可以说难以避免。陈公博交付拍卖的作品有7件，拍卖公司佣金收入寥寥无几。胡兰成交付拍卖的作品有29件次，总成交额30余万元，拍卖公司佣金约五六万元。汪精卫和周作人的书法手迹送交拍卖的分别为189件次和148件次，总成交额均为300万元左右，拍卖公司佣金约100万元。郑孝胥的作品送交拍卖多达1800多件次，总成交额约2000万元，拍卖公司佣金约为400万元。拍卖公司则多达150多家，摊到每家公司头上，所得是薄不必言了。14年之期，每家公司的佣金收入只有区区二三万元钱，这种费力不讨好的事又何苦为之呢？！这种为小利而失大节的事又何苦为之呢？！这种"孽钱"不赚也罢！

这些年，德国纳粹头目希特勒早年的作品曾经多次在国外拍卖，那些被专家识为"天赋不够"的作品最高也达到上万美金。不过，当在场的BBC记者要采访收藏者时，多数人不愿意公开身份，唯一一位愿意接受采访的人士也是支支吾吾地说："我也不知道为什么买。"然后迅速离开。前年夏天的一天，记者去拜访一位朋友，在他家的客厅里，赫然悬挂着郑孝胥的一件大幅书法，至今，记者想起此事还有吃了苍蝇的感觉。

蔡京当年位列三公，权倾当朝，其书法也是名重一时，其奸臣臭名永在，故其书法因此而存世极少。蔡京是祸国殃民，郑孝胥是卖国求荣，理应罪加一等，可是，郑孝胥的书法交付拍卖数以千计，成交率达59%。这冷热反差，难道不能说明我们对于汉奸的清算还远远不够吗？难道不能说明艺术品交易中道德标准的模糊吗？难道不能说明艺术品投资与收藏中人类良知的脆弱吗？

因此，我们有必要重复这样一个事实：侵华日军给中国人民造成了3500万人伤亡、6000亿美元的巨大损失……这个痛是永远的。

（原载《人民日报》2009年8月23日第8版，署名本报记者邵建武）

试问苍穹深几许

——关于文物与艺术品拍卖中的天价问题

自有文物与艺术品拍卖以来,便有"天价"一说。一般而言,所谓天价,就是拍卖中文物与艺术品的成交价大大地超过了人们的预期。细细说来,其中有讲究、有层次、有说头,甚至有谋略,所以,近来有了"天价做局"一说,值得世人关注。

天价本来是自然而然产生的

到过拍卖现场的人,都可能见过"天价之物"的出现,也就是说,天价是拍卖的必然现象。一件文物或艺术品进入拍卖后,拍卖公司会在已知历史资料与当时一般评估的基础上，对其做出一个有一定幅度的估价。拍卖时，如果不是物品所有人与拍卖公司刻意压低估价，其成交价如果超过其估价的两倍以上，就可能被识为"天价"。所以，天价之物并不一定是多么了不起的物品。一件东西估价1万—1.5万元，最后在2万元以上成交，是天价；另一件物品估价1000万—1200万元，最后在2000万元以上成交，也是天价。前者，可能常常为人们所忽略，而后者，则被广泛传说。

多年前，在北京一家公司的拍卖会上，有一件清代画家班达里沙创作的中堂，画面中有三只羊，题曰"三羊开泰"。画家是乾隆时期重要的宫廷画家，但在美术史上没有地位，作品品相一般，这件估价为3万—4万元的作品，最终以40多万元成交。据说，收藏者一家祖孙三代都属羊，故志在必得。友人知晓其意，故起哄，让他多花了一些钱。但收藏者不以为意，毕竟是自己喜爱之物，毕竟是乾隆时期的一件作品，假以时日，当难说盈亏。

更多的天价物品则是那些在高价位成交的。它们超过了人们的心理预期,超过了现行的学术评价,超过了依照惯性行进的市场评估,更是超过了多数人的经济实力与心理承受能力,所以,人们常常惊讶"天价",常常慨叹市场"看不懂"。可是,事过境迁,归于理性,人们又发现,那些"天价"是合理的,当时的"步步攀升"并非几个有钱人在那儿使气斗富,并非收藏者上了拍卖公司的当,并非是几张新面孔的莽撞,而是市场发展到一个新阶段了,是人们对那些物品及其作者的认识深化了,是投入的资金增多了,是人们的文化要求扩容了,是整个社会的富裕程度提高了,是伟大祖国的经济实力增强了……

从这个意义上来说,中国文物与艺术品市场的发展与繁荣就是在一个又一个天价的诞生中推进的,中国文物与艺术品的学术与市场价值也是通过一个又一个天价来肯定的。最重要的是,那些立于磐石、起于大道、成于和气、彰显于天下的天价常常在若干年的"蓦然回首"中,不再高高在上而归于平淡,归于正常,归于理所当然,成为了市场的刻度、学术的刻度、时代的刻度与历史的

班达里沙中国画《三羊开泰》

刻度。

宋徽宗《写生珍禽图》2002年首次在北京拍卖时，以2530万元而创造了当时中国绘画的世界纪录，时人惊呼天价。2009年春，它再度回到北京拍卖，经过40多分钟、150多轮的竞价，终于以6100多万元人民币成交。这次，没有人说天价了。何故？因为人们认识到了唐宋作品之异常难得，人们意识到了中国古代文物与艺术品远未到其价位，人们在比较中找到了投资的真正方向与保值的可靠手段。

在去年的拍卖中，数十件物品在千万元以上成交，宋徽宗《写生珍禽图》也没有进入成交价的前十名，又有一些天价在人们的眼前诞生，诧异之余，人们发现，只要是好东西就不怕没人要，只要是好东西就不怕卖不好，天价就是在天时地利人和——各方力量的作用下自然而然产生的。

天价也可以是人为制造出来的

天时地利人和，三才具备，谈何容易？在不少情况下，天价，由一种现象被人为地转化成了一种手段，被人利用，而成了问题。

天价是一个艺术家作品的市场潜力得到挖掘而进入更高平台的标志，但也可以人为地大幅度提前，在其没有市场价位时创造高价位以成后来居上之势，在其市场价位较低时大力抬升价位以呈大步流星之态，在其市场价位凝固时打破僵局以造新的一轮行情。这种现象主要体现在中国画方面，一些年过花甲、功成名就的艺术家或与画廊合作，或被奸商利用，时不时推出一个"天价之作"。这种方式虽然多数没有达到目的，却也有不小的广告效用，且在大量地发生着，万不可轻视。

天价是一群艺术家或一个艺术流派被社会所承认而云开雾散的征候，但也可以人为地起哄，以市场评估来代替、强化学术评估，以异域评估来代替、强化本土评估，这种以此代彼、以空间代时间的现象莫过于中国当代艺术这几年行情的起伏。西方的一些机构与收藏家经过多年的酝酿、铺垫，利用我们的学术力量与成果，在极短的时间内，以强硬的手段，把中国当代艺术推向了市场的极端。华尔街的高手又一次利用不发达国家资讯不足、资金有限、手段单一、想象力丰富但自信心不足诸弱点，创造了一个商业范本，为其埋单的是我们那些金钱不多却自以为多得没处花、智商不足却自以为足智多谋、涉世不深却常摆着大将姿态的收藏者们。另外，还有些、特别是海外的机构与收藏家利用政治、历史与民族的因素，调动起我们的爱国热情，以实现他们的商业目的。圆明园流失海外的铜制兽首之所以被一而再、再而三地推向无理天价，让我们骑虎难下、欲罢不能，就是这样一个反证。

天价是一种收藏类别得到重视、一个时代或一个民族的文物与艺术品的价值得到发现而平步青云的现象，如元青花近些年的一步登天、清代瓷器的后来居上等，但也可以人为地造市，如日本当年在国际市场强推其老一辈艺术家价位的情况。在我们的文物与艺术品市场中，虽然没有看到过这种国家行为，但也常见一些机构在那儿人为作秀。国际上开列去年全球艺术品成交前十名的榜单时，没有开列位列第八、第九位的两件北京成交的中国艺术品；成交过百万美元的500多件物品中，也没有中国大陆的数十件千万元成交重器，之所以如此，既可能是西方媒体对于我们的"习惯性忽略"，也可能是他们对于我们这些个"天价"的"习惯性怀疑"。最近几年，热衷于打榜的媒体之所以把热热闹闹的中国文物与艺术品市场的众多纪录排除在外，就在于对于中国文物与艺术品天价的怀疑其实也是中国媒体与大众的"习惯"。

经过30多年的改革开放，中国已经由积贫积弱变得雄风四起，中国文物与艺术品的学术价值还会得到进一步的发掘，其艺术魅力还会得到进一步的展示，其市场潜力还会得到进一步的发挥，优秀的中国文物与艺术品还会从世界各地踏上归国之途，天价，还会不断地出现，但愿从业机构与人士珍惜这个天赐良机，踏踏实实地做好学问，认认真真地做好服务，本本分分地做好买卖，让中国文物与艺术品的天空中白云飘荡，而不是疑云时起。

（原载《人民日报》2010年2月28日第8版，署名本报记者邵建武）

莫把涂鸦当汗青

——乾隆绘画作品拍卖与收藏之考察

清代入关以后第四位皇帝乾隆的一些作为是无人比肩的。

中外文学史上没有哪一位诗人的创作可以在数量上和乾隆比较。十卷本《清高宗乾隆御制诗文全集》收录了他的诗作43000余首,而《全唐诗》收录的唐五代300余年、2200余位作者的诗作总计才48900余首。终年88岁的乾隆皇帝一生约32120天中,平均每天要作诗一首余,可见其创作之勤,也可知其诗作之滥,难怪中外文学史难得有人提及这位高产的诗人。

中国书法史上没有哪一个书法家留下的墨宝在数量

上是超过乾隆的。在位60年的乾隆皇帝一生多次外出巡游，每到一处，多有诗作；每有诗作，多提笔书之。同时，他逢景必题名，以记胜景；遇事多题匾，以资奖掖。皇帝亲赐御笔匾额，曾经是清代统治者文治武功的重要手段之一，也是臣民逢迎上好的方式，正是所谓"躬沐圣恩"。所以，乾隆御题、乾隆御碑四处可见。

中国绘画史上没有清代皇帝乾隆的一席之地，但没有几位画家的市场行情能超过他。据不完全统计，自1994年以来，共有约500件乾隆书画作品（含缂丝、大漆等工艺品）进入拍卖市场，共成交340多件，成交率约为70%，其中缂丝作品成交率在90%以上，书法作品成交率约为69%，绘画作品成交率约为66%，但以成交额排序，其绘画作品在前十名中即有4件，每件高达数百万人民币之巨。

乾隆诗多，但影响甚小，不仅中外文学史难以提及，而且凡提及多有讥讽之意。

乾隆书法亦多，他于书法方面下的功夫也是最多的。乾隆存世的书法有御批、御览、题诗、题匾、立轴、对联等。

其行政批示是有清一代的重要档案，读书眉批是记录其思想轨迹、学习心得、创作过程的重要史料，题诗题匾一方面是其统治天下的手段，也是其艺术创作的一翼，立轴对联则主要是其书法创作的成果，也可以说是清代宫廷艺术创作的组成部分之一。康熙、雍正都崇尚晚明书法家董其昌，追求皇家气象，但用笔爽利，结字严谨，于威严处透露些许书卷气。乾隆也是遍临历代法帖，最终选择宋末赵孟頫作为自己的范本。不知道赵孟頫降元为官之事在他的心理天平中有多大的分量，但赵字的圆润婉转、秀美流畅自是符合他的审美追求，也贴近他的处世方式，所以，乾隆把赵字往妩媚方面推向极致，于圆熟处见大方，楷书中有行书笔意，行书中又有草书意味，四方勾连，自是皇家体势，却是格不高企，流于平平。

即使如此，乾隆仍不失为书法家，自有其个人风貌，也不乏入眼之作，而乾隆的绘画，可以说是低年级水平，无根基，无追求，无个性，却在拍卖市场得到追捧。

大凡收藏，无论公私，都离不开这样几个方面的考量：历史、艺术（学术）、品相、数量。我们不妨从这

2004年北京某公司秋季拍卖中,这件《双峰耸翠图》以781万元人民币成交。2007年在另一家北京公司的秋季拍卖中,这件作品以784万元人民币成交。三年时间,这件作品只上涨了3万,扣除佣金等费用,第一位收藏者可以说是赔大了

几个方面来评估一下乾隆的绘画作品。

中国古代皇帝不少,真正称得上画家的只有宋徽宗。能事丹青的皇帝委实不多,乾隆于绘事尚有兴趣,且留有作品在世,说起来,也算是有可说之处。但是,其绘画作品于清代社会进程有何纪念意义?于现实生活有何裨益?于未来发展有何启示?都没有。或者降格以求,它们能让我们联想到哪件历史事件,联想到什么有意义的事情?也没有。进一步说,它们能让我们得到哪怕一点点愉悦的审美享受?也没有。退一步说,它们能让我们的好奇心得到满足:原来皇帝也画画!乾隆皇帝的画是这样的!但是,这种满足感转瞬即逝,从而得出这样的结论:原来乾隆皇帝的绘画水平如此之低!

从艺术与学术的角度来看,乾隆皇帝进入市场的这几十件作品大多是前人与身边画家作品某一局部的临摹,或者说是在身边画家帮助下完成的小品,几乎没有今天意义上的创作之作,作品本身大多十分简单:简单的构图,或者稚嫩或者草率的用笔;很少着色,即使有也单薄;几乎没有立意,更谈不上有什么含义。如此作品,应该是难以发现其审美价值的。从清代绘画史的角度看，自然没有意义。虽然乾隆的艺术观与审美趣味影响着当时艺术的大体走向，但乾隆的绘画毕竟不是当时绘画的主体，甚至不是宫廷画院的主体，因此，乾隆的绘画对于宫廷绘画研究可能有些意义，仅此而已。

从品相上看，乾隆的这些作品倒是有些说法。其前后左右，大都有当朝或后代名人的题跋，但大多是阿谀奉承之辈的刻意逢迎之语或文人墨客的言不由衷之作。当然，这些作品在装裱上大多用料考究、做工精良、经久耐用，大多品相不错。但是，品相有如斑纹毛发，离开了生命，离开了运动，便谈不上有什么意义了。

从数量上来说，流传于民间的乾隆绘画可以说是十分稀少，但存于故宫的乾隆绘画因为天子手笔，而得到了很好的保存，存世多达2000件（套）。这些作品纪年最早为其22岁，最晚为其逝世同年。其中有山水、花鸟、佛像，且不乏代笔与帮忙之作。据故宫专家杨丹霞撰文介绍，山水有董邦达代笔，人物"开脸儿"有郎世宁，衣纹有金廷标、丁云鹏等。她认为："虽然如今我们还是将这类作品归为乾隆的'御笔',但即使是这样的作品入了《石渠宝笈》,也只能算是为皇帝'圣学'之'渊博卓绝''神动天随'的把戏,增加了些许虚假的光环而已。"

作为一个旷世英才、雄才大略的统治者,乾隆手下却产生了这么些绘画作品。它们不关乎历史进程的起起落落,它们缺乏引领潮流的格局与风范,它们只是徒有其表,甚至是金玉其表败絮其里,它们虽然稀少却价值不高,所以,它们在拍卖与收藏领域得到如此厚爱,确实令人不解。

这些年来,中国当代艺术为海外机构运作,得天时而有一鸣惊人之举。现当代书画家作品有社会知名度,得人和而长销不衰。古代书画家因为著录不详、流传无序、真假难辨而起步沉重。唯帝王御笔与宫廷画院作品有《石渠宝笈》《石渠宝笈·秘殿珠林续编》《秘殿珠林·石渠宝笈三编》等重要典籍记载而身价百倍。殊不知,这些重要典籍是根据皇帝的旨意编纂的,是根据当时人的财富观行事的,帝王帝后的东西,无论好孬都得记录在案，都得宝贝有加。于是，包括乾隆这些不成样子的涂鸦之作，也被视为汗青，视为重器，这种不甚理智的现象虽然情有可原，但一定为时不长。帝王帝后涂鸦之作、附迎风雅之作绝不是令投资者安枕无忧的避风港，更不是为收藏家承续文脉的艺术奇葩。

（原载《人民日报》2009年11月8日第8版，署名本报记者邵建武）

御题不是点金术

——关于乾隆题诗器物收藏与拍卖的考察

在艺术品、工艺品乃至日用器物上镌刻、题写皇帝诗文,这在中外历史上并不鲜见,但就重视程度之高与器物数量之大而言,莫过于清代的乾隆一朝。

据介绍,北京故宫博物院收藏有文物 100 余万件,大多数为明清两代遗存之艺术品、工艺品。在清代留下的藏品中,乾隆一朝比重极大,其中相当一部分是在乾隆皇帝的要求、指导、督促,甚至亲自参与下完成的、收藏的。乾隆皇帝的所谓"亲自参与"既包括出思想、提要求、定方案,也有题字赋诗之举,包括完成后的褒贬臧否。这类器物包括玉器、陶瓷、漆器、珐琅器、竹器、木器木雕、象牙雕刻与缂丝绣品等。得天之巧,应材运思,精心雕琢,天成人为,蔚为大观,堪称鼎盛。

因为乾隆附庸风雅,又十分勤勉,一生作诗数万首,所谓御题诗自然成了乾隆朝御题类器物的重要组成部分。无论从诗从物观察评说,不一而足,应当分而述之。

乾隆每有新的诗作,除了立刻获得一片喝彩之声,还会得到有关部门与人士的重视,转眼就会有人根据其诗作构思制作,其中既有阿谀逢迎之作,也不乏构想精巧之物。因为有御题诗在上,材料自然是上选的,工具自然是精良的,工匠自然是优秀的,态度自然是精心的,把关自然是严格的,保管自然是小心翼翼的,流传多数是有序的;于是,一批尽物理、夺天工、展才华的作品轰然出世且代有美名。这类器物从内容到形式、从材料到工艺,都是中华艺术的瑰宝,理应得到推崇,理应在文物与艺术品市场屡创新高。珐琅彩瓷器是中国瓷器中的稀绝品种,仅清代康雍乾三朝少量生产,存世极少,民间收藏者更是凤毛麟角。在国内外市场上,珐琅彩瓷器一露面即被争相收藏。2006年秋季拍卖中,乾隆御制珐琅彩杏林春燕图碗（图1）以天价成交。其上，就有乾隆御题诗："玉剪穿花过，霓裳带月归。"此诗联来源于明代申时行的诗句"轻翻玉剪穿花过，试舞霓裳带月归"，虽然缺乏原创意义，却也清新雅致，与明快的构图、透亮的釉彩、轻盈的器型融为一体，又得保存上佳、名家传承，而成极品气象，一时声遏天穹。

有的乾隆御题诗器物则是以御题诗为中心为重点，相当于后世常见的语录牌与宣传品。从艺术的角度计，这类物件难得有令人赞许之处，不必也不可视若神明。但是，这类器物因为数量极少近孤，且当初运作周到，用料考究，制作精细，后世多保管得当，包浆完整，从工艺与历史资料的角度考量，其身价也不可小觑，得到了后代人珍惜，当今也有人追捧，倒是无可厚非。

有的御题诗器物是先有器物后有御题诗，相关工匠每每如履薄冰，将御题诗雕刻在古代器物之上。当事者的意愿是锦上添花，实际上则常常无异于暴殄天物。中华民族数千年文明，历史遗存数量虽然巨大，依然需要保护；进入宫中内府的古物多是宝中奇珍，理当倍加呵护。乾隆

图 1　清乾隆珐琅彩杏林春燕图碗

御题之诗虽然体现了隆恩眷顾，毕竟是物外之物，强力加工，难免失误；纵然天才，难免失手。当时，天下都是皇上的，何况几件器物，出了差池，没人追究。对于前人物件的如潮好评断不可以点滴于其上，更不能如乾隆朝一般，刀斧相加。前几日，从北京一拍卖公司秋季拍卖的图录中，又看到一架名为"月露知音"的明代仲尼式古琴（图2）。在其背面，阴刻填金有乾隆的一首诗和两方印章。另外，他的御题诗还刻在宋代"九霄鸣佩"等历代名琴之上。乾隆自幼学琴，当然知道古琴制作在材料、工艺方面的严苛要求，但是为了表达一己之喜悦与皇权之威严，他便让臣下运刀动斧，亵渎天物。殊不知，乾隆如此粗暴之举却成了如今拍卖行高调推行的亮点，而御题诗的加载，对于古琴的损害，却是无人关心，也无人知晓。

因为御题诗有点铁成金之效，所以，在相对漫长的岁月中，又有许多御题诗器物横空出世。有的是后代将乾隆诗句凭空加入其中，以证实物件身份，以图提高物件身价。乾隆一生作诗众夥，咏物诗不在少数，其中的一部分被制作、被展示、被推演、被保存，多数则只是传诵几天便无人提及。有人便利用这个历史空隙，把乾隆的一些诗作运用于器物制作中。久而久之，合适的乾隆诗句不好找，便出现了完全的臆造之作，器物是新的，御题诗也是新的。细心者自然洞察之，摒弃之，一笑了之。粗心短识者就可能盲从之而不惜下注，一失足成千古恨。

清朝统治者自入主中原前后，非常重视对于中国传统文化特别是汉文化的承续，在位 60 年的乾隆不仅是盛世明君，也是饱学之士，对于艺术有修养，有追求，有天纵之才，控天下之物，所以，根据他的眼光与胸怀，

图2　明代"月露知音"琴

依仗他的才华与学识，凭借他的势力与力度，虽然不一定产生一流艺术家与艺术品，却必定也已经产生了一流工艺家与工艺品，这也是清代康、雍、乾三代工艺高拔、雄视天下的所在。然而，因为乾隆在诗歌创作方面既缺乏想象力，又深陷用典艰涩泥潭，其诗没有汉诗之古朴、唐诗之雄浑、宋词之丰华，甚至没有当时人所作诗歌格物之清朗，故广泛运用于器物之上的乾隆御题诗在不少情况下，不仅没有添光加彩，反而成了累赘，成了污点，起码也是毫不相干的东西。文物与艺术品市场中追寻宫廷口味、忽略艺术品位、轻视学术评估的倾向，正是乾隆御题诗器物威风凛凛、不可一世的原委。

当然，乾隆皇帝当年大量题跋只是一时兴起，当前对于乾隆御题诗器物的追捧也常常是一种无奈之举。中华民族历史悠久，虽然没有绝源断流之苦，却是几起几落，战乱交织，特别是自晚清，英法联军、八国联军、日本鬼子等多次外强侵入，致使许多文物与艺术品被抢、被盗、被私分、被偷运，流落他乡……这些年，因为中国经济高速发展，物阜民丰，当年四散而去的文物与艺术品纷纷踏上了各自的返乡之路……然而，阔别多年，典籍散佚，工艺失传，后继乏人，无人识货，所以，《石渠宝笈》等几套典籍成了救命稻草，御题诗文成了护身灵符。遗憾的是，《石渠宝笈》存在不少偏差，皇家著录之物被指认为赝品，御题之物被确认为伪造，这已经不是新闻了。更何况乾隆御题诗器物涉猎广泛，品种众多，格局不一，当细察之、条析之，万不可一概而论，更不可以之为据，匆忙而上，冲动而为，否则，难免大折血本而悔恨不已。

相信，随着收藏群体素养的提高，随着中国传统文化，特别是古典艺术品与工艺品研究的深入，随着文物与艺术品市场运作的进一步规范与沉稳，这种现象会逐步得到调整，得到改善……乾隆御题诗器物的历史、文化会得到理性确定。这种理性定位对于市场来说，就是价值的明确，也一定是价格的回归。

于是，我们有必要强调：御题非是点金术，腐朽何从化神奇。饱览诗书开胸襟，春山月落听鸟啼。

（原载《人民日报》2009年11月15日第8版，署名本报记者邵建武）

垫着砖头　依着肩头

——关于清宫著录艺术品的拍卖与收藏

在近些年的中国古代书画拍卖与收藏中，清代乾隆朝开始编纂的大型工具书《石渠宝笈》与《秘殿珠林》起着举足轻重的作用。

有的拍卖公司因为它们而时占鳌头，有的收藏家因为它们而一本万利，中国古代书画因为它们而身价过亿、时领风骚。

有的拍卖公司因为它们而垢言缠身，有的收藏家因为它们而颗粒无收，中国古代书画市场因为它们时而大步流星、时而步履蹒跚。

它们是可以依靠的肩头，还是扣在后脑勺上的板砖？真的是成也萧何败也萧何吗？让我们梳理一番。

清醒时，它们是可以依靠的肩头

因为乾隆皇帝的喜好，更因为康乾盛世的到来，清宫内府的收藏达到了中国收藏史的又一个高峰。因此，有必要编纂一套独立于其他宝贝的收藏目录，这就是流传至今的《钦定秘殿珠林石渠宝笈》。

《石渠宝笈》与《秘殿珠林》开始是分头编纂的，内容也有所区别。前者专门记录历代文人与世俗题材的书画作品，后者则专门记录宗教题材的书画作品，另有为数不多的一些缂丝品与古籍善本。两书各分为初编、续编和三编。

《秘殿珠林·初编》的编纂工作始于乾隆八年（1743年）十二月，成于一年后的乾隆九年（1744年）五月，参与编修者有张照、梁诗正、励宗万、张若霭四人；《石渠宝笈·初编》的编纂始于乾隆九年二月，成于第二年，参与编修者有张照、梁诗正、董邦达等9人。《石渠宝笈》与《秘殿珠林》续编的编纂工作始于乾隆五十六年（1791

年)正月,成于乾隆五十八年(1794年)五月,参与编修者有王杰、董诰、彭元瑞等10人。《石渠宝笈》与《秘殿珠林》三编的编纂工作始于乾隆五十八年二月,成于嘉庆二十一年(1816年)六月,参与编修者为英和、吴其彦、黄钺等11人。

《石渠宝笈》各编均按照册页、手卷、立轴三种形式,书、画、书画合一三种类别共九类、上与次两个等级记载,上等者详载作品的质地、尺寸、款识、印章、题跋等,次等的则内容简略些。录入的作品还分别注明收藏地点,如:乾清宫、养心殿、三希堂、重华宫、御书房等,以备查找。凡是经《石渠宝笈》《秘殿珠林》著录的书画作品上,都加钤清宫用于鉴藏的各种印玺。

《石渠宝笈》《秘殿珠林》的编纂前后达70余年,记录了自晋、六朝、隋唐宋元明到清朝乾嘉时期历代书法、绘画、碑帖、缂丝等作品以及历代公私加盖的鉴藏印与御题诗文。两书共计255册,所收书画家863人,详备周到,洋洋大观,是中国古代最为重要的书画收藏类工具书,自然也是由此至今这200来年间,中外收藏

《〈秘殿珠林〉〈石渠宝笈〉汇编》封面

界考订、研究、交易中国古代书画的重要依据。

所以,这几十年里,《石渠宝笈》与《秘殿珠林》著录的中国古代书画成了海内外艺术品拍卖与交易的热点之一。个别作品成交时,甚至到了几近疯狂的程度。

也因此,不时有明智之士提醒大家,对于皇家著录不要盲从。

之所以不能迷信，就在于《石渠宝笈》与《秘殿珠林》有三大弱点。其一，其标准是皇家的，而不是艺术的，因此，对于清代当朝艺术家作品的选择与评价是偏颇的：对于宫廷书画家作品失之于宽且迂，对于在野书画家的作品失之于严近苛，其中，西洋画家郎世宁的作品有53件，编修者张照的作品有167件，而在中国美术史上占有重要地位的那些带有革命性意义的艺术家作品，如四僧、扬州八怪等人的作品则难得一见；其二，运行是权力的，而不是学术的，编修者几乎是按照皇帝，特别是乾隆个人的好恶来取舍，依循清政府的政策来定级的。对于皇帝、皇后的作品更是大开其门，不仅真迹，连乾隆、慈禧太后、隆裕太后等的他人代笔之作也收列了不少；其三，过程是封闭的，而不是开放的，所以，其中的谬误难以发现，无从勘正。元代大家黄公望的《富春山居图》多有摹本入藏清宫。乾隆不明就里，先是把摹本当真迹，反复题咏。当真迹出现时，他不仅死不认账，还让臣子题写"此卷笔力荼弱，其为赝品无疑"，将其打入另册。

因此,《石渠宝笈》与《秘殿珠林》收录的作品不全是对的,不全是好的,不全是重要的。对此,我们如果有了清醒的认识,它们就是宽厚的肩头,可倚可靠,并从兹出发,在画家的传承、修养、习气、环境、生平等方面多下功夫,在历史、时代、社会、艺术等方面多下功夫,注意资料收集,注意史实甄别,注意风格把握,注意旁征兼听,注意综合评估……如此,就可能减少失误,多有收获而规避风险。

懵懂时,它们是拍在后脑勺的砖头

起步很晚、步履匆忙的中国古代书画市场令人担忧之处,莫过于各方面的懵懂无知而大胆无畏。

一些拍卖公司热衷于打听、收集《石渠宝笈》与《秘殿珠林》著录的作品,一旦得手,即不遗余力,用最优的条件签约、最好的设计出版、最好的位置展览、最大的声响宣传,而不顾艺术家及其作品的实际情况,从而使一些知识准备不足的收藏机构与个人以高昂的代价,竞投了清代二三流画家甚至末流画家的一般性作品。在这些年的拍卖中,清代宫廷画家特别是郎世宁、董邦达,也包括清代皇家推崇的一些画家如清初四王的作品,如果为《石渠宝笈》与《秘殿珠林》记载,往往以天价成交,由此留下的学术难题,不知何时可以分解。

一些史论家一旦接受了拍卖公司的学术委托,即以学术的方式,拼着老命与脸面,来完成满足甲方的商业要求。时代还是那个时代,氛围还是那个氛围,功力还是那个功力,风格还是那个风格,地位还是那个地位,只要《石渠宝笈》与《秘殿珠林》著录了,他们对于作品的评价就可以一拔千丈,唯恐溢美而不够。重要的是,在他们的鸿篇大论中,重复着《石渠宝笈》与《秘殿珠林》编纂者体现的皇权思想与宫廷口味,把数百年文化变革的成果置之脑后。更有甚者,有些推介文章故意无视他人与集体的学术成果,一意孤行地大张旗鼓地宣传已经被人实证推翻了的皇家著录,从而在实际上扰乱了市场,也败坏了学术。

这些年,无论是真迹,还是代笔,还是赝品,皇帝、皇后以及太上皇、皇太后们当年赏赐臣民的书画作品得到了大肆的炒作与无理的追捧,其重要原因之一,就是一些收藏家相信这样一种理念：贵为天子贵胄的遗泽曾经是求之不得的，拥有之自然能使蓬荜生辉。如果这些书画作品入录了《石渠宝笈》与《秘殿珠林》，市场的反应更是热烈，那些皇帝、皇后的涂鸦之作成了艺术精品，不仅在拍卖场上哄抬出一个个纪录，在某些以学术名义进行的娱乐节目中，其复制品还成为了奖品，得到主持人与获奖嘉宾的十分珍爱。这种对于皇家用品的盲目追逐虽然幼稚可笑，却堂而皇之地同时体现在中国文物与艺术品市场的许多方面，理应得到学术检讨。

在《石渠宝笈》与《秘殿珠林》编纂之前，有"苏州造"仿制古代书画，如李思训、赵伯驹、倪云林、文征明、仇英等人的山水，黄荃、徐熙等人的工笔花鸟，还有苏东坡、黄庭坚、米芾与董其昌等人的书法。这些作品在康熙年间开始流入清宫，后来有不少录入了《石渠宝笈》与《秘殿珠林》。据说，这几十年，故宫专家从其库房里就剔选并降级的《石渠宝笈》与《秘殿珠林》著录画作有200多件。而在《石渠宝笈》与《秘殿珠林》编纂之后的近200来年间，因为皇家著录的权威性，海内外均出现了集团或个体伪造《石渠宝笈》与《秘殿珠林》著录作品的情况。《石渠宝笈》与《秘殿珠林》无图可鉴,再加之作伪者手段高明、技术先进,更因为相关资讯不备、相关研究不深,其中陷阱既多且深,收藏者切不可莽撞入市,上了"以次充好""以假乱真"的当。

因为《石渠宝笈》与《秘殿珠林》的历史地位,因为《石渠宝笈》与《秘殿珠林》的市场效应,因为中国古代书画的稀缺性和人们相关知识的几近于无,"《石渠宝笈》与《秘殿珠林》著录"在许多情况下,成了一种操纵市场的策略。无论是收藏家还是投资者,再不可懵懵懂懂,否则,它就可能是某些奸商挥舞的一块板砖,狠狠地拍在你的后脑勺上,让你不省人事,血本无归。

当然,我们在清醒认识《石渠宝笈》与《秘殿珠林》缺陷的同时,也不能将之无限夸大,既要谨防有人将之当砖头拍在咱们的后脑勺上,更要依靠之,踩在前人的肩头上,远眺清远寥廓之江天。

(原载《品位·经典》2011年12月20日第6期,署名剑武)

劈头盖脸霸王章

——关于乾隆钤印作品拍卖和收藏的考察

刚刚过去的 2009 年秋季拍卖中,无论海内外,中国书画都是一片火红,其中尤以中国古代书画令人注目。之所以如此,就在于一些清宫旧藏作品的面世,就在于作品上面那些沉着而又耀眼的乾隆鉴藏宝玺。

真的是一玺值千金吗?真的是一玺定乾坤吗?

著录手段的优与劣

在善本图书与书画名迹上钤印,以为鉴定、欣赏、收藏之标识,这在中国,可以说是历史悠久。唐太宗自书"贞观"二字,刻子母连珠文印,四处加盖。宋徽宗的"双龙小印"、明代几个皇帝都用的"广运之宝"也是广为运用。当然，清朝乾隆皇帝在这方面则是前无古人、后无来者，其鉴藏印到底有多少，至今也没有个准数。除当皇帝时常用的五玺、八玺，当太上皇用的印玺外，他还有用于记录收藏地点的宫殿玺、用于表达欣赏状态的格言诗文玺，还有放置于宫内各殿、避暑山庄、圆明园等处，以方便即兴创作、御题诗文时使用的印玺，等等。据说，乾隆钤盖的鉴藏印，少则一方，多则十余方。

乾隆皇帝这些鉴藏玺用于何物、用于何处，都是有规定的。据故宫的专家介绍，《石渠宝笈》收录的书画一般钤"乾隆御览之宝""石渠宝笈"和宫殿玺。如果被鉴定为"上等"的，则加钤"乾隆鉴赏""三希堂精鉴玺"和"宜子孙"诸玺。《石渠宝笈重编》收录的又加钤"石渠定鉴"与"宝笈重编"玺。当了太上皇以后，乾隆又命人在一些作品上加盖了"太上皇帝""古稀天子之宝"和"八徵耄念之宝"诸玺（图1）。又据故宫图典经常引用的、清末民初徐珂编撰《清稗类钞·石渠宝笈所钤之玺》记载，乾隆鉴藏玺的使用格式是：作品

八徵耄念之宝　　　　古稀天子之宝　　　　乾隆宸翰

图1　乾隆常用鉴藏章

"上方之左曰'乾隆鉴赏',正圆白文。左曰'乾隆御览之宝',椭圆朱文。左下曰'石渠宝笈',长方朱文。右下曰'三希堂精鉴玺',长方朱文。曰'宜子孙',方白文……"如此看来,乾隆鉴藏诸玺的使用是有严格规制的,当年如果有人乱用,是有杀头之虞的。

可是,就是乾隆鉴藏印玺这样的重要标识,在许多宫藏作品上,不仅钤用混乱,而且体现了收藏者在妄自尊大的心理状态下表现出的无知放肆与品位低下。

在东晋王珣所书《伯远帖》上,应当左右分用的"乾隆御览之宝"与"三希堂精鉴玺""宜子孙"一顺而排在一起，完全没有了规矩。

在唐人摹本王羲之《姨母帖》（图2）卷上，"乾隆御览之宝"骑盖在前三行字的上面，中间的空白处，又填上"三希堂精鉴玺"和"宜子孙"，十分霸道。

在唐韩滉所作《五牛图卷》上，乾隆前后钤盖了至少八方印，把一张不大的作品填得满登登的，让韩滉笔下浓郁的农村生活气息消散了许多。

可怜莫过元代钱选所作《浮玉山居图卷》，乾隆不仅在上面题了一首诗，还把他的鉴藏印玺加钤其上，把作品上部的所有空白处，塞得几无插针之处。

连乾隆皇帝喜爱的元代画家赵孟𫖯也难逃其辱。他的水墨长卷《水村图》不仅被乾隆题了两次"御题"，而且加盖了几乎所有鉴藏玺，多达十余方。

明代陆治所作山水《仿王蒙还丹图》上，"乾隆御览之宝"一方朱红方印，大大咧咧，盖在画蕊顶部正中，无异于当头棒喝。清代宫廷画家的许多作品都享受了这"五雷轰顶"。

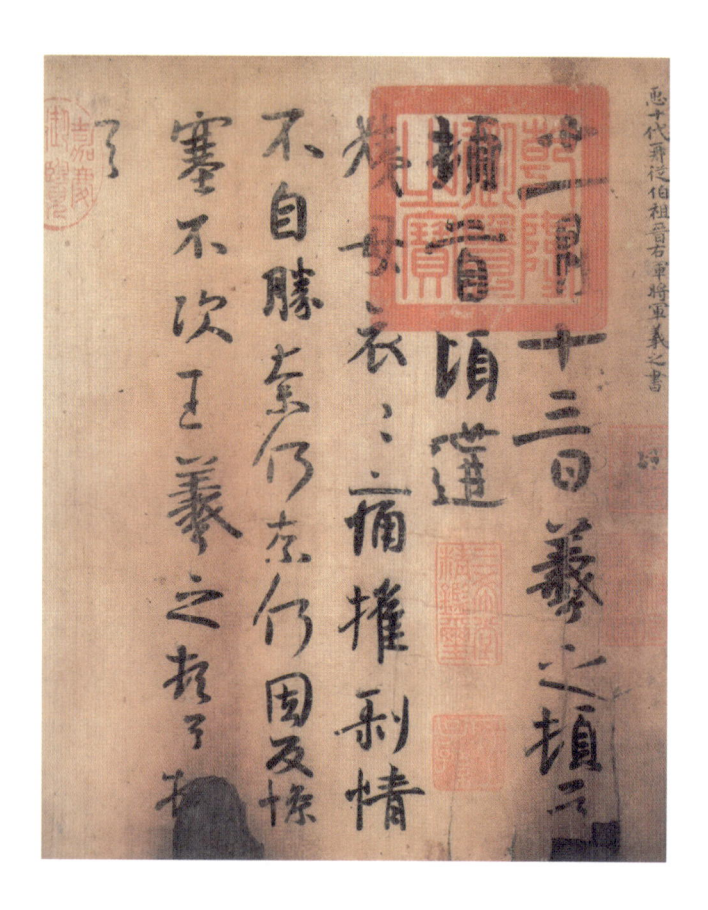

图2 王羲之《姨母帖》

长寿的乾隆几乎把宫藏的作品看了个遍，也钤了个遍。清雅的作品，被他的那些印玺盖得满纸乌烟瘴气；清和的作品，被他的那些印玺盖得四处壅塞淤堵；清朗的作品，被他的那些印玺盖得垂头丧气；清逸的作品，被他的那些印玺盖得浊气冲天；清新的作品，被他的那些印玺盖得难以负重；清远的作品，被他的那些印玺盖得暮气沉沉……中国古典书画艺术，除了那些不被乾隆看好的作品，如果不排除乾隆那些鉴藏印玺的干扰，便难以欣赏，难以让人获得审美的愉悦。

从这个角度来说，乾隆朝大规模肇始的收藏、整理工作，既让中国古代书画作品得到了认真的对待、很好的保存，也遭遇了空前的保护性劫难。

如今，在收藏群体浩浩荡荡的时刻，真让人担忧：在某个窗明几净之处，又有一方格调不高的收藏印信，被郑重其事地、难以逆转地强加在某一件前人的书画作品上，又一件艺术珍品被其心爱之人再一次作践，且难以避免。

所以，有必要吁请天底下的收藏家，切莫以乾隆为榜样，意气用事，把一己之喜爱附加在天下人的喜爱之物上。

鉴定手段的实与虚

流传有序，是当代收藏界的核心词汇之一，这是因为中国文物与艺术品被多年战争与贫弱打断了正常的流传秩序，这是因为中国文物与艺术品市场中有着太多的没头没脑的物件，这是因为境外的古董商人和境内的投机分子知道这个词汇沉甸甸的含金量与高速度的变现力。

乾隆鉴藏印玺正是这流传有序的最为有力的佐证。

殊不知，那些钤盖着乾隆鉴藏印玺的"古代书画作品"有着许多的故事，让人不可掉以轻心。

清代宫廷的收藏一些来自明朝内府所藏，一些来自入关后的搜罗，一些来自主政后的创造与制造，其中有好有歹，有真有假。康熙当政时，高士其为其张罗收藏之事。高士其不仅以次充好，而且以假充真，所以，在乾隆上台启动整理内府收藏时，匆忙间，也分辨不了多少是非，乾隆鉴藏玺下也有假作真时真亦假的时候。

中华民国成立后，给了清朝皇帝一定的物质生活保证，但也满足不了其骄奢淫逸的需求，所以，上自皇帝，下至太监，都把宫里的东西夹带着运出红墙变卖。故宫后门就有了文物市场。久而久之，宫里出来的东西满足不了宫外的需求，便有了仿造宫廷物品的作坊，也即人们常说的"后门造"。"后门造"不仅仿造宫造物品，也仿造宫藏物品。同时，北京琉璃厂一带则仿造小幅的纸本作品。多少年过去了，这些钤盖着乾隆鉴藏赝玺的作品一代一代流传下来，特别是那些出入豪门的作品也就身价渐涨，几至为真了。

英法联军火烧圆明园和八国联军攻入北京城，除了清王朝的国玺，那些以金、玉材料制作的、包括乾隆的一些鉴藏玺被入侵者带走了。其中的一部分又辗转到了古董商人的手里，被运用在仿制中国古代书画的工作中。对于这些作品，今人难以分辨真假。

皇家用玺，材料不外金、玉、贵重木料，而工则是毫无艺术性可言的匠人之作。当年，因为皇威森严，无人敢仿。时至如今，谁都敢为，更何况有照相制版、激光刻制、电脑控制等高科技手段，且优质玉料随处可买，高仿的乾隆鉴藏玺也就不难见其踪迹了。

长此以往，那些造假的人有了高超的临摹技巧，有了优质的仿古材料，有了同样材质的乾隆鉴藏玺与印泥，有了严格的操作程序与高超的市场运作，甚至有了自己控制的"学术力量"，中国收藏界的未来之路一定不会是阳关大道。

20世纪80年代前后，港澳台的收藏界曾经因为保真等因素而追逐皇家收藏，追捧乾隆鉴藏印信。这些年，大陆收藏界也是因为保真等因素而正在重蹈他们的覆辙，因此，我们有必要以国家的力量，以学术的力量，以正义与诚信的力量，加强研究，提高审美，不迷信古人，不迷信传说，包括不迷信乾隆和他的那些鉴藏御玺，给中国文物与艺术品市场营造一方纯净的天空。

（原载《人民日报》2010年1月17日第8版，署名本报记者邵建武）

后　记

1982 年 7 月大学毕业来京工作，新华社 15 年，人民日报社 18 年，主要从事文艺采编工作，因此有了对于中国文物与艺术品市场的全程跟踪、观察、记录、体会。

这是工作，所以，要求及时、客观、准确，尽可能地有深度、有广度、有力度。

这是爱好，所以，能走长道，能起早贪黑，能任劳任怨，能宠辱不惊，能矢志不渝。

这是学习，所以，得不懂便问、广泛涉猎、认真读书、小心把玩，不时温习。

这是交际，所以，得广交朋友、广结善缘，还得小心陷阱、压抑冲动，拍场亦是战场。

这是人生，所以，深也罢、浅也罢，大也罢、小也罢，得也罢、失也罢，顺也罢、逆也罢，喜也罢、忧也罢……最终，感恩！

作者　乙未冬识于京郊问梅轩下

已出版图书目录

一、精品栏目荟萃

《副刊面面观》

《心香一瓣》

《纽约客闲话精选集 一》

《多味斋》

《文艺地图之一城风月向来人》

二、个人作品精选

《踏歌行》

《家园与乡愁》

《我画文人肖像》

《茶事一年间》

《好在共一城风雨》

《从第一槌开始》

《碰上的缘分》

《抓在手里的阳光》